WER HAT ANGST VOR DONALD TRUMP?

Hannelore Veit

WER HAT ANGST VOR DONALD TRUMP?

Risiken, Chancen,
Einblicke, Aussichten

© 2024 ecoWing Verlag bei Benevento Publishing Salzburg – Wien, einer Marke der Red Bull Media House GmbH, Wals bei Salzburg

Medieninhaber, Verleger und Herausgeber:
Red Bull Media House GmbH
Oberst-Lepperdinger-Straße 11–15
5071 Wals bei Salzburg, Österreich

Satz: MEDIA DESIGN: RIZNER.AT
Gesetzt aus der Palatino, Impact LT Standard
Lektorat: Barbara Köszegi
Umschlaggestaltung: www.b3K-design.de, Andrea Schneider, diceindustries
Autorenillustration: © Claudia Meitert/carolineseidler.com
Umschlagmotiv: © Philipp Horak

Printed by PNB Print, Latvia
ISBN: 978-3-7110-0341-6

INHALT

Der US-Wahlkampf 2024 ist ein Wahlkampf der Überraschungen. Fast jede Woche dreht sich im Sommer 2024 das Bild. Alles ist im Fluss. Was bisher als gesetzt galt, ist es nicht mehr: ein Attentatsversuch, ein Kandidatenwechsel in letzter Minute, ein Donald Trump, der sich auf eine neue und wesentlich jüngere Mitbewerberin um das Präsidentenamt einstellen muss.

Mehrmals ist der Druck des Buches gestoppt worden, um letzte Ereignisse im Wahlkampf einzuarbeiten. Neue überraschende Wendungen sind zwischen der Drucklegung und dem Erscheinen dieses Buches nicht ausgeschlossen.

Das vorliegende Buch ist kein Buch über den Wahlkampf, es beschreibt den Hintergrund, vor dem diese Wahl stattfindet.

Wien, am 31. Juli 2024

PROLOG

An einem kalten Wintermorgen Anfang 2024 bin ich auf dem Weg zum Flughafen, um für eine Rechercherreise nach Washington zu fliegen, in die Stadt, aus der ich acht Jahre lang als USA-Korrespondentin berichtet habe. »Wie kann es sein, dass dieser Trump wieder da ist? Das gibt's nur in Amerika, dass so einer noch einmal Präsident werden kann. Wird er wirklich gewählt?«, fragt mich mein Taxifahrer. Ich wollte eigentlich nie zu den Journalisten gehören, die Taxifahrer als Stimme des Volkes zitieren, und tue es hier doch. Denn er spricht aus, was ich in Europa so oft höre: »Wie kann es sein?« Und immer schwingt der Satz mit: Sind die Amerikaner alle verrückt? Unser Amerika-Bild ist geprägt von den respektlosen Sätzen, die Donald Trump fast täglich geliefert hat, von seinen Provokationen, Drohungen und Beleidigungen, die wir, die Medien, mit großer Lust wiedergegeben haben.

Am 7. November 2020, als Joe Biden vier Tage nach der Wahl von den US-Networks zum Wahlsieger erklärt wurde, dachten wir: »Das war's. Donald Trump ist endgültig weg, die, die Trump als Irrtum der Geschichte sahen, hatten recht.« Wie habe ich mich geirrt, wie haben wir alle uns geirrt. Eigentlich hätten wir es besser wissen müssen: Es ist gewagt, eine Vorhersage zu treffen, wenn es um Donald Trump geht.

Wer wählt Donald Trump? Das ist die zentrale Frage dieses Buches. Politologen haben Donald Trumps Kernwählerschicht sehr genau beschrieben: Seine Wähler sind männlich, ungebildet, weiß, getragen vom Gefühl, von der politischen Elite in Washington ausgegrenzt zu werden. Mag sein, dass sie Trump unreflektiert gewählt haben, sicher ist, dass sie ihn wieder wählen werden: weil sie ihn als einen der ihren empfinden, weil er auf das Establishment schimpft, weil er ihre schlichte Sprache spricht, weil er verspricht, sich um sie zu kümmern, weil sie hoffen, dass er als Businessman die Wirtschaft boomen lässt, weil sie mit Political Correctness nichts anfangen können und es ihnen egal ist, wer welche Klos benutzen darf, weil sie nicht verstehen, warum plötzlich alle über Trans People reden, weil das Schlagwort DEI (Diversity, Equity, Inclusion – Vielfalt, Gleichberechtigung, Inklusion) in ihrem Leben keine Relevanz hat.

Doch diese Wählergruppe reicht nicht, um das Phänomen zu erklären, dass Trump bei der letzten Wahl 75 Millionen Menschen dazu gebracht hat, ihm ihre Stimme zu geben, dass er 2024 ohne erkennbare Mühe wieder Präsidentschaftskandidat der Republikaner geworden ist und dass er im aktuellen Wahlkampf beste Chancen hat. Unter denen, die ihn gewählt haben, sind sehr viele gebildete, erfolgreiche Männer und Frauen, die sich sehr wohl Gedanken machen, wenn sie zu den Urnen gehen. Das ist die Wählerschicht, die ich am interessantesten finde.

Trump ist alles, was ihm vorgeworfen wird: Er ist Narzisst, Lügner, Aufschneider, Angeber, Besserwisser. Er ist unberechenbar, überheblich, aggressiv, kränkend und selbst leicht kränkbar. Er kritisiert schonungslos und oft untergriffig und verträgt selbst keine Kritik – und doch hat er Qualitäten, die man auf den ersten Blick nicht unbedingt sieht. Vor allem dann nicht, wenn man jede seiner Aussagen wörtlich nimmt. Er ist ein brillanter Entertainer, er hat Charisma und weiß, wie man mit seinem Publikum spielt. Und das Publikum liebt ihn genau dafür. Außerdem: Er hat in seiner Amtszeit einiges erreicht.

»Es ist alles sehr kompliziert.« Diesen Satz kennen wir in Österreich gut. Ich bin, während ich dieses Buch schrieb, manchmal verzweifelt vor dem Computer gesessen und habe mich gefragt: Wie soll ich all diese diametral auseinandergehenden Einschätzungen des Status quo in einem Buch zusammenführen? Irgendwie hat eines immer mit dem anderen und sehr oft auch mit dem gegensätzlich anderen zu tun. Ich habe mich während meiner Reisen in die USA im Winter 2024 vor allem mit republikanisch eingestellten Wählern und Wählerinnen unterhalten. Wir, die Medien, hatten vor Trumps Wahlsieg 2016 in unserer Meinungsblase in Washington gelebt und nicht auf die Trump-Wähler gehört, wir hatten sie nicht ernst genommen, und das war unser großer Fehler.

Also bin ich Anfang des Jahres 2024 ein paar Wochen lang durch das Land gereist, habe mich bemüht, mit möglichst vielen ehemaligen und zukünftigen Trump-Wählern und -Wählerinnen ins Gespräch zu kommen, habe versucht auszuloten, ob und wie sich ihre Position geändert hat, ob sie sich relativiert oder verfestigt hat. Ich habe mich bei Trump-Wahlkampfveranstaltungen ins Publikum gemischt und aufgeschrieben, was die Trump-Anhänger und -Anhängerinnen an Gründen dafür angeben, warum sie Trump wählen. Manche äußerten sich differenzierter, viele – vor allem die Trump-Basis – undifferenziert.

Dies ist nicht ein Buch über Donald Trump, es ist keine politikwissenschaftliche Analyse, es ist ein Buch über seine Wähler und Wählerinnen. Ich habe mich auf die Suche nach den Gründen für die enorme Spaltung dieses Landes gemacht. Ich habe den Menschen zugehört, viele Aussagen unkommentiert stehen gelassen, so wie sie gefallen sind, habe sie aber, wo immer möglich, in den entsprechenden Kontext gesetzt. Ich habe versucht herauszuhören, warum ein Dialog nicht möglich ist, warum es keine Mitte gibt.

Joe Biden hat in seiner Inauguration Speech, seiner Antrittsrede am 20. Jänner 2021, sehr viel von Zusammengehörigkeit und Eintracht gesprochen. 2024 können wir mit Fug und Recht sagen, dass wir von Einigkeit genauso weit entfernt sind wie unter Präsident Trump. Die Polarisierung ist so omnipräsent, dass ein Schritt in Richtung Harmonie kaum möglich scheint. In unserer Zeit der aufgeheizten Debatten in den sozialen Medien scheint keiner die Argumente der anderen Seite hören, geschweige denn ernst nehmen zu wollen.

Unser österreichisches Amerika-Bild ist von unserem Standpunkt, von unserer Weltanschauung geprägt. Wir können aber nicht erwarten, dass Amerikaner die Welt so sehen, wie wir sie sehen. Sie sind nicht sozialisiert wie wir, die wir in einem kleinen Land mitten in Europa leben, das über ein gut entwickeltes Sozialnetz verfügt und sich die Neutralität auf die Fahnen geheftet hat.

Amerika tickt anders. Der Rest der Welt wächst nicht mit der Idee des »American Exceptionalism« auf, mit dem Stolz, sich selbst die älteste Demokratie der Welt nennen zu können, ohne viel darüber nachzudenken, was für eine Art von Demokratie es war und ist, wenn einige gleicher sind als andere. Es ist ein Land, das entstanden ist aus dem Gedanken, frei zu sein. Es ist ein Land, das aus Krisen, und seien es selbst verschuldete, schneller herauskommt als andere, das die Fehlerkultur schätzt, das Risikobereitschaft schätzt, das den Grundsatz hochhält: Ich arbeite hart, und wenn ich es zu Vermögen bringe, dann habe ich mir das verdient und bin stolz darauf. Es ist ein Land, in dem der Österreicher Arnold Schwarzenegger Weltruhm erlangt hat, was ihm in Österreich wohl nie gelungen wäre. Es ist ein Land, in dem die Krankenversicherung für alle nicht von allen geschätzt wird, wie Barack Obama in den acht Jahren seiner Präsidentschaft lernen musste. Es ist ein Einwanderungsland, das in der Selbstsicht der Republikaner und immer mehr auch der Demokraten an die Grenzen der Bereitschaft gestoßen ist, Zuwanderung zu tolerieren. Es ist ein Land, das Europa nicht als Vorbild sieht – vielleicht mit der Ausnahme der Kultur –, ein Land, das einen Krieg für Europa geführt hat, den Wiederaufbau in Europa gewährleistet hat und trotzdem mit Anti-Amerikanismus konfrontiert ist. Es ist ein Land, das schon seit Langem nicht mehr die Rolle des Weltpolizisten spielen will, nicht erst seit Donald Trump.

Auch die Person Donald Trump wird in Amerika ganz anders gesehen als in Europa. So wie wir Barack Obama undifferenziert positiv gesehen haben, sehen wir Donald Trump undifferenziert negativ. Wir haben Angst vor Donald Trump. Die Sorge, dass ihm Europa egal ist, ist nicht unberechtigt, wenn man sich mit seiner Persönlichkeit auseinandersetzt. Für ihn zählt nur eines: er selbst. Die Angst, dass Europa auf sich selbst gestellt sein könnte, ist ein durchaus realistisches Szenario. Priorität in der Außenpolitik hat China. Das pazifische Jahrhundert hat schon Obama, der auf der Pazifikinsel Hawaii geborene Präsident, ausgerufen.

Emotionen und Angst sind wichtige Faktoren im Wahlkampf 2024. »Wir haben Angst«, sagen demokratisch denkende Wähler, sagen die Europäer. »Wovor denn?«, fragen die republikanisch denkenden Amerikaner.

Während ich diese Zeilen schreibe, wird klar: Trumps Gegenkandidatin heißt Kamala Harris. Joe Biden hat trotz seiner katastrophalen Debatte Ende Juni gegen Donald Trump und trotz offensichtlicher altersbedingter Schwächen lange auf seiner Kandidatur beharrt, hat aber angesichts der Kritik aus den eigenen Reihen schließlich aufgegeben und seine Unterstützung der Vizepräsidentin zugesagt. Als Präsidentschaftskandidatin steht Kamala Harris einem Donald Trump gegenüber, der vor keinen Angriffen und Untergriffen zurückschreckt. Seine Wähler und Wählerinnen sind ihm sicher, umso mehr gilt das nach dem Attentatsversuch auf ihn am 13. Juli 2024. Wer die Wahl gewinnt, ist offen. Doch: Die Welt wird sich möglicherweise noch einmal an einen Präsidenten Trump gewöhnen müssen.

UNDERCOVER
IN DER MAGA-WELT

»We just love Donald Trump.« Tara steht vor mir in der Schlange vor dem Coliseum Complex in Greensboro in North Carolina. Es ist neun Uhr früh an diesem Samstag Anfang März 2024, knapp vor dem Super Tuesday, die Menschenschlange ist jetzt schon lang, vom Ordnungs-personal eingewiesen und ordentlich in Serpentinen gereiht. Erst in zwei Stunden wird das Coliseum die Türen öffnen und die Trump-Fans einlassen. Fünf Stunden dauert es dann schließlich, bis Donald Trump tatsächlich die Bühne betritt. Geduld ist gefragt, Stehvermögen ebenso. Man kommt leicht ins Gespräch, verkürzt so die Wartezeit. Tara, um die 50 – nach ihrem genauen Alter frage ich nicht –, zieht sich, während sie ansteht, ein dunkelblaues T-Shirt über ihre Bluse: »Trump 2024« steht darauf. »Es ist meine erste Trump Rally, meine erste Großkundgebung mit Trump«, erzählt Tara. Im Wahlkampf 2016 kam Donald Trump zwar nach Greensboro, aber damals war sie verhindert. Tara lebt in Greensboro, doch ihre Verwandten, die sie irgendwo in der Menge weiß, sind weit aus dem Süden des Bundesstaates

North Carolina angereist. Tausende sind es, die Trump hier live erleben wollen. Wer das stundenlange Anstellen nicht in Kauf nehmen will, wird sich mit Stehplätzen ganz hinten im Saal begnügen müssen.

Von Aggressivität ist an diesem Vormittag nichts zu spüren. Es ist eine friedliche Gruppe von MAGA-Anhängern (MAGA: Make America Great Again), die sich hier versammelt hat. Man ist schließlich unter sich, vereint in der Unterstützung und fast so etwas wie Verklärung für Donald Trump. Ich gehe davon aus, dass alle, die hierhergekommen sind, zur Trump-Kernwählerschaft gehören und ihm unverbrüchlich die Treue halten werden, egal, was bis zur Wahl noch passiert. Was nicht wirklich verwundert: Es sind fast nur Weiße in der Menge. Und das, obwohl fast jeder vierte Einwohner North Carolinas schwarz ist. Ganze drei Afroamerikaner zähle ich.

16 Bundesstaaten werden am Super Tuesday in ein paar Tagen ihre Vorwahlen abhalten und Donald Trump einen großen Schritt näher zur republikanischen Präsidentschaftskandidatur und möglicherweise zur Präsidentschaft bringen. North Carolina ist einer der Swing States, einer der Bundesstaaten, die bei den Wahlen am 5. November den Ausschlag geben könnten, weil in diesem Bundesstaat das Pendel sowohl in Richtung Republikaner als auch in Richtung Demokraten ausschlagen könnte. Donald Trump hat North Carolina 2020 mit einem Vorsprung von knappen 75 000 Stimmen gewonnen. Diesmal hoffen die Demokraten, den Bundesstaat wieder zurückholen zu können.

Ich habe mich für diese Rally knapp vor dem Super Tuesday unter die Trump-Anhänger und -Anhängerinnen gemischt, bin nicht wie sonst bei Wahlkampfveranstaltungen als Journalistin auf der Pressetribüne dabei, sondern quasi inkognito unter den Fans.

Viele in der Schlange tragen MAGA-Kappen, Pullover mit US-Flaggen sind überall zu sehen, einige haben amerikanische Flaggen um die Schultern drapiert, eine Frau hat sich eine blau-weiß-rot glitzernde Spange ins Haar gesteckt. Ein junger Mann schwingt eine riesige blaue Fahne: »Trump 2024 – Make America Great Again« lautet der Schriftzug darauf. »Ho, ho ho – Joe's gotta go« skandiert ein anderer, die Menge stimmt ein. »Ho, ho, ho!« Mit Joe ist Joe Biden gemeint. Und immer wieder ist der Schlachtruf: »USA! USA! USA!« zu hören.

Die Atmosphäre erinnert ein bisschen an einen Jahrmarkt. Auf dem Parkplatz vor der Halle haben die Händler mit Trump-Fanartikeln ihre Stände aufgebaut, sie machen ein gutes Geschäft: 25 Dollar kosten die Kappen, wer mehrere kauft, kriegt sie billiger. »Trump Save America« heißt es auf T-Shirts, oder kurz und prägnant: »Trump 2024«. Der diabolisch anmutende »Mug Shot«, das Polizeifoto von Donald Trump, aufgenommen im Zuge eines der vielen Prozesse, die gegen Trump laufen, ist zum Markenzeichen geworden. Überall ist es auf T-Shirts zu sehen, »Never Surrender« oder »Trump Wanted … For President« steht darunter. Flaggen mit »Trump will be back« flattern im Wind, Trump-Teddybären, Trump-Spielzeug, alles findet sich an den Ständen. Ein Mann mit gelber Trump-Perücke freut sich über jedes Selfie, das mit ihm gemacht wird. Manche der Slogans auf den Stickern und T-Shirts sind witzig, andere angriffig, T-Shirts mit »#FJB« für »Fuck Joe Biden« ziehen viele Käufer an. Auch ein paar religiöse Motive finden sich:

»Jesus is my Savior – Jesus ist mein Retter«, heißt es auf einem T-Shirt. Ein paar selbst ernannte Wanderprediger ziehen durch die Menge – dass sie mit ihrem missionarischen Eifer auch tatsächlich Menschen erreichen oder gar neue Anhänger finden, darf bezweifelt werden. Auffällig, aber nicht weiter überraschend: Auf vielen Trump-Merchandising-Artikeln wird das Second Amendment zitiert, der Zweite Verfassungszusatz, der das Recht festschreibt, Waffen zu tragen. Es gibt auch Banner mit »Gun Control means Using Both Hands – Waffen zu kontrollieren heißt, sie mit beiden Händen zu halten«. Überall werden Flaggen und Banner mit den Stars and Stripes, der Flagge der Vereinigten Staaten von Amerika, und den ersten drei Wörtern der amerikanischen Verfassung, »We the People – Wir das Volk«, zum Kauf angeboten. Trump hat es verstanden, sich als Mann des Volkes zu positionieren, als Außenseiter, der gegen das Establishment angetreten ist, und als Mann, der treu zur Verfassung steht. Und seine Anhänger und Anhängerinnen nehmen es ihm voll und ganz ab.

Tara, die für ein Reisebüro arbeitet, ist mit ihrem Ehemann Bob gekommen. Zwei Stunden anstehen, um in den Saal eingelassen zu werden, das nimmt sie gerne in Kauf. Als ich sage, dass ich eigentlich Journalistin bin und eine Trump Rally im Publikum erleben möchte, merke ich ein gewisses Zögern. Aber dann meint Bob: »Ah, dann sind Sie eine von den guten Journalisten, gut, dass Sie herkommen und mit uns reden, statt über uns zu schreiben, ohne jemals dabei gewesen zu sein.« Das Eis ist gebrochen, bereitwillig erzählen sie mir, warum sie »ganz sicher« am 5. November Donald Trump wählen werden. »Ich mag Trump, weil er kein Politiker ist. Er ist ein Businessman, die Politmaschinerie in Washington interessiert ihn nicht. Er ist ein Mann, der anpackt – who fixes things – und Sachen in Ordnung bringt«, sagt Tara. »Ja, er wird manchmal ausfällig, aber er sagt, was er denkt. Wir wissen, wo er herkommt, er ist kein verlogener Politiker. Bei ihm gibt es kein verstecktes Motiv.« Bob gelingt es, ab und zu ein Wort einzuwerfen: »Wir haben einfach keine andere Wahl. In Washington ist ein Kartell an der Macht, die Biden-Regierung muss abgewählt werden.« – »Trump liebt Amerika, er steht für Freiheit und wir wollen unsere Freiheit«, mischt sich Amy, die vor uns in der Schlange steht, ins Gespräch. »Sie wollen unsere Freiheit einschränken«, sagt Bob, »die Wirtschaft war unter Trump besser, alles war besser, jetzt haben wir offene Grenzen, es ist ein Albtraum. Sie lügen, lügen, lügen in Washington!«, wird er laut und leidenschaftlich. »Ich weiß schon, das hört sich nach einer Verschwörungstheorie an«, sagt Tara, »aber das ist es nicht: Sie, die anderen, hassen Trump und tun alles gegen ihn. Er sieht die Dinge so, wie wir sie sehen, aber niemand hört uns zu.« Bob fügt hinzu: »Den Demokraten ist Amerika egal.« Auch Amy, zu der inzwischen ihre Kinder und Enkelkinder gestoßen sind, stimmt ein: »Die Politiker in Washington, Demokraten und Republikaner, alle sind sie korrupt. Trump wird den Sumpf in Washington trockenlegen.«

Es sind Sätze, wie man sie überall von Trump-Anhängern hören kann. Er ist »ihr« Mann, er spricht für sie. Er, der Millionär, der stolz darauf ist, »ganz klein«, mit einer Million Dollar seines Vaters, als Businessman begonnen zu haben, wie er immer wieder betont, hat sich zur Stimme der kleinen Leute erklärt und wird als einer der ihren akzeptiert.

Ein paar Stunden später wird Donald Trump auf der Bühne im Saal dieselben Argumente wie Tara, Bob und Amy verwenden. Seine Talking Points sind die Talking Points seiner Fans.

Die Show

Dass hier nicht bloß ein Präsidentschaftskandidat, sondern ein Ex-Präsident erwartet wird, wird spätestens beim Eintritt in die Veranstaltungshalle offensichtlich. »All guests will be screened by the United States Secret Service« hatte es im Info-Mail geheißen, das im Vorfeld an alle registrierten Teilnehmer geschickt wurde. Schwer bewaffnete Sicherheitskräfte in schusssicheren Westen checken Taschen beim Einlass gründlicher, als ich es je bei Events erlebt habe. Die Geheimdienst- und Polizeipräsenz ist enorm. Die Nervosität der Sicherheitskräfte ist spürbar, der Snackstand im Coliseum lässt nach einer halben Stunde die Rollbalken runter: Der Geheimdienst hat es angeordnet, heißt es.

Die Atmosphäre im Saal ist eine Mischung aus gespannter Erwartung, Enthusiasmus und auch ein bisschen Ungeduld. Die Menge muss bei Laune gehalten werden. Aus den Lautsprechern dröhnen patriotische Songs, gemischt mit ABBA-Klassikern, Ohrwürmern und Hits der 1990er-Jahre. Viele Künstler, darunter Bruce Springsteen oder die Rolling Stones, haben Trump inzwischen verboten, ihre Songs bei seinen Veranstaltungen zu benützen.

Meine Sitznachbarn im Saal – Tara und Bob habe ich im Gedränge aus den Augen verloren – erzählen mir, dass sie nicht nur gekommen sind, um den Präsidenten live zu erleben, sondern auch der Atmosphäre wegen.

Keine Rally ohne Treueschwur auf die Verfassung, ohne Gebet mit Danksagung für die »Freiheiten, die wir in Amerika genießen« und ohne die Bitte, »Donald Trump zu helfen, Amerika wieder zu alter Größe zurückzuführen«. Und keine Rally, bei der nicht die Nationalhymne, der »Star-Spangled Banner«, gesungen wird.

Lokalpolitiker aus North Carolina treten als Vorredner auf, werben um Stimmen, denn in den Vorwahlen geht es nicht nur um den republikanischen Präsidentschaftskandidaten, auch die Kandidaten der Republikaner auf Bundesstaatenebene werden gekürt. Jedes Mal, wenn Washington und der angebliche Sumpf an Korruption erwähnt wird, gibt es Buhrufe aus dem Publikum.

Die Menge ist elektrisiert, als Donald Trump zu den Klängen von Lee Greenwoods »God Bless the USA« mit dem patriotischen und ins Ohr gehenden Refrain »I'm proud to be an American« die Bühne betritt. Dunkelblauer Anzug, viel zu lange rote Krawatte, blonde, zur Tolle geföhnte Mähne – ganz so, wie wir ihn kennen, nimmt er die Huldigungen des Publikums entgegen. »Thank you Greensboro, thank you North Carolina«, ruft er unter aufbrausendem Jubel in die Menge.

Seine Rede ist alles zugleich: politische Show der Sonderklasse, Selbstinszenierung und Aneinanderreihung von Lügen und Halbwahrheiten. Er zeichnet ein dunkelgraues Bild der Gegenwart und verspricht, dass mit ihm alles besser werde, dass er alles richten werde. Er skizziert, wie eine zweite Trump-Amtszeit aussehen könnte: Er werde den Deep State, den Schattenstaat, der Amerika heute beherrsche, ausmerzen, er werde eine harte Linie gegen illegale Einwanderung und Kriminalität fahren, er werde massiv auf fossile Energie setzen. Die Rede folgt demselben Muster wie seit Tag eins im ersten Wahlkampf, seit dem Tag, als er im Juni 2015 auf der goldenen Rolltreppe im Trump Tower in New York seine Kandidatur verkündete. Damals hatten seine Wahlkampfmanager noch befürchtet, dass nicht genug Menschen kommen würden und hatten Claqueure in der Menge platziert, um sicherzugehen, dass die Menge auch für die TV-Kameras groß genug aussah. Das ist längst nicht mehr notwendig.

Angriffig ist Donald Trump, aber ich empfinde ihn als nicht mehr ganz so energiegeladen wie im Wahlkampf 2016 oder im Wahlkampf 2020. Selbst im Jahr der Pandemie, als Joe Biden vorwiegend aus dem Keller seines Hauses in Wilmington in Delaware wahlkämpfte, fuhr Trump durch das Land, um seine Fans zu motivieren und um in allen kritischen Bundesstaaten Rallies abzuhalten.

An ein Skript hält sich Donald Trump nur sehr lose, er weiß, was seine Fans hören wollen, und erfüllt ihre Erwartungen. Die aufgestellten Teleprompter sind grobe Hilfsmittel, immer wieder weicht er vom Text ab und geht auf sein Publikum ein. Darin ist er Meister. Er spielt mit der Menge, zeigt mit dem Finger auf einzelne Zuschauer. Die Menge liebt es.

Was man in den kurzen Redeausschnitten, den Soundbites, die anschließend in den TV-Nachrichten gezeigt werden, nicht sieht: Immer wieder blitzt Humor auf. Donald Trump ist manchmal wirklich witzig, macht sich nicht nur über andere, sondern auch über sich selbst lustig. Er wirft Stichwörter in die Menge, die dankbar aufgegriffen werden.

Die Fans ganz vorne nennt er scherzhaft die »Front Row Joes – die Groupies in der ersten Reihe«. Sich selbst vergleicht er mit Al Capone, er selbst sei öfter angeklagt als der legendäre Mafiaboss. Nicht ganz korrekt, aber für Lacher und Entrüstung darüber, dass die Justiz eine Hexenjagd gegen ihn veranstalte, sorgt er damit allemal.

Auch diesmal bringt Trump seine größten Hits, enttäuscht das Publikum nicht. Stehsätze wie »Joe, you are fired« fallen, das Publikum grölt – es ist eine Anspielung auf Trumps TV-Show »The Apprentice«, in der er mit diesem Satz Kandidaten für einen Job rausbeförderte. Joe, gemeint ist Joe Biden, könne weder Reden halten noch einen Wahlkampf führen, gehen könne er auch nicht – damit spielt er auf Bidens Alter und dessen oft unkoordinierte Bewegungen an.

Den größten Applaus erhält er bei seinem Lieblingsthema, der angeblich gestohlenen Wahl. »Ich werde nicht zulassen, dass sie die Wahl 2024 fälschen! Einen Erdrutschsieg werden wir hinlegen, too big to rig, zu groß, um ihn uns wegzunehmen.« Wie auf Kommando werden überall im Saal blau-weiße »Too big to rig«-Schilder hochgehalten. Es wird gegrölt, es wird applaudiert. Ich gehe davon aus, dass so gut wie alle seine Fans, die nach Greensboro gekommen sind, tatsächlich glauben, dass Trump und nicht Biden die letzte Wahl gewonnen hat. Immer wieder skandieren sie: »USA! USA! USA!«

Eines der ganz großen Themen des Wahlkampfs 2024, die Einwanderung, ist auf Donald Trump zugeschnitten. An die Fakten hält er sich nicht: In seiner Rede im Trump Tower, als er 2015 seine Kandidatur ankündigte, sprach er von Kriminellen und Vergewaltigern, die Mexiko über die

Grenze in die USA schicken würde. Diese Tonart hat sich bis heute nicht geändert. Sie – gemeint sind die mittelamerikanischen Länder – würden die Tore ihrer Gefängnisse und ihrer psychiatrischen Kliniken öffnen und die Menschen über die Grenze »zu uns« schicken, erklärt er. »Von überall in Lateinamerika, aus Afrika, aus Asien, aus China schicken sie uns die, die sie nicht wollen, schicken sie uns junge Männer.« Er erzählt die Geschichte einer Studentin in Georgia, die beim Jogging am Campus von einem illegal ins Land gekommenen Venezolaner ermordet wurde. Meine Sitznachbarin schüttelt entrüstet den Kopf. »Biden migrant crime« nennt das Trump, er ist stolz auf seine eigene Wortschöpfung. Alle wieder zurückschicken werde er, am Tag eins seiner Amtszeit werde er die Grenze schließen.

Eine Attacke gegen die Medien fehlt bei keiner Rally. Das war schon 2016 so, das ist auch 2024 nicht anders. Die Medien sind Trumps Feindbild Nummer eins. »Da hinten stehen sie«, deutet er auf die Pressetribüne, wo die TV-Kameras und die Fotografen Stellung bezogen haben: »Das ist sie, die Lügenpresse, das sind die Feinde des Volkes.« An diesem Tag ist CNN die Zielscheibe: »CNN hört schon wieder auf zu filmen, das Rotlicht ist aus, immer, wenn ich über sie rede. Mich ausblenden, das können sie gut. Aber es schaut ohnehin niemand mehr CNN.« Buhrufe kommen aus der Menge. Die Ziele seiner Angriffe variieren, besonders gerne attackiert er auch die *New York Times*, die »failing *New York Times*«, wie er sagt, und die *Washington Post*. »Präsident Trump ist der Einzige, der die Wahrheit spricht«, erklärt sein Sprecher Steven Cheung, »er wird es den Medien immer wieder vorhalten und sie können nichts dagegen tun.«

Immer wieder streut Donald Trump in seine oft repetitive Rede ein, dass er sich eigentlich aufopfere für das Land. »Warum tue ich mir das überhaupt an: Ich hatte das beste Leben! Stimmt's, ihr Front Row Joes da unten?« Manchmal verschluckt er Wörter, ist kaum zu verstehen. Meine Sitznachbarin kennt ganz offensichtlich die sich stets wiederholenden Themen Trumps. Ich ertappe sie dabei, wie sie zwischendurch am Handy eine Patience legt.

Professionell und empathisch reagiert Donald Trump auf einen Zwischenfall: In den ersten Reihen wird es plötzlich unruhig. Demonstranten? Versucht jemand zu stören? Ist jemand kollabiert? Die Zuschauer in den hinteren Reihen, ich unter ihnen, rätseln. Trump unterbricht seine Rede, dreht dem Publikum den Rücken zu und beobachtet einige Minuten schweigend, was sich abspielt. Dann ein »Are you o.k. man? Geht es Ihnen wieder gut?« Und ein Danke an die Sanitäter: »Habt ihr gesehen, wie sie gearbeitet haben, boom boom boom? Uh, das hätte böse ausgehen können.« Offenbar hatte der Mann einen Herzstillstand erlitten. »Keine Sorge, hier versäumst du nichts«, ruft er dem Mann noch nach, als ihn die Sanitäter hinaustragen. Die Menschen applaudieren »ihrem« Donald.

Pathetisch wird es dann zum Schluss. Von Musik untermalt wiederholt Donald Trump noch einmal seine Slogans: »Wir haben die höchste Inflation seit 50 Jahren. Unsere Energiekosten waren noch nie so hoch, wir betteln bei anderen um Öl und haben mehr flüssiges Gold als jede andere Nation – so traurig. Der neue Green Deal der radikalen Linken bringt die Wirtschaft um. Die Batterien der uns verordneten E-Autos kommen aus China.« Mit sarkastischen Seitenhieben auf die ach so umweltbewussten Demokraten erntet er Gelächter: »*Saubere* Schadstoffe werden *umwelt- freundlich* in die Luft geblasen. Können wir energieunabhängig sein? Oh ja, oh ja – sagt euch Präsident Trump […]. Wir haben einen total korrupten Mann an der Spitze, den schlechtesten Präsidenten der Geschichte, der kognitiv beeinträchtigt ist, die Nation nicht führen kann und uns in Richtung Dritter Weltkrieg bringt. Ich hatte China, Russland und Nordkorea unter Kontrolle […]. Wir sind eine Nation, die nicht mehr bewundert und respektiert wird, wir sind zur Lachnummer geworden. Vor drei Jahren waren wir eine große Nation – wir werden bald wieder eine große Nation sein. Patrioten wie ihr werden unser Land retten. Wir werden für dieses Land kämpfen. 2024 ist unsere letzte Schlacht. Wir werden die Kriegstreiber, die Globalisten vertreiben. Wir werden diese Nation wieder zu alter Größe zurückführen.« Und unter tosendem Jubel: »We – will – make – America – great – again!«

Mit seinen einfachen Slogans und dem »Wir gegen den Rest der Welt«-Gefühl hat Donald Trump seine Anhänger eingefangen. Mit einer Mischung aus Comedy, Wut und Rache unterhält er, der perfekte Showman, sein Publikum. Auf Fans wie Tara, Bob und Amy hier in North Carolina kann er sich am 5. November 2024, dem Wahltag, verlassen.

DER SCHOCK 2016

Damals, vor neun Jahren, als Donald Trump die politische
Arena auf der Rolltreppe im Trump Tower in New York
betrat, hatten wir alle an eine gigantische Selbstinszenierung
gedacht. Wochenlang berichtete die *Huffington Post* über
den Neokandidaten Donald Trump nicht in der Rubrik
Politik, sondern in der Rubrik Unterhaltung. Das Lachen
verging uns, den Medien, schnell, als Trump alle seine
republikanischen Gegenspieler in den Vorwahlen über-
trumpfte. Was da im Gange war, wurde uns am Wahltag
erst so richtig klar.

8. November 2016 – die US-Wahlnacht. *Die* Wahlnacht:
Hillary Rodham Clinton gegen Donald J. Trump, die Profi-
politikerin, von der ihr Mann Bill Clinton einst gesagt hatte,
sie wäre besser für das Präsidentenamt geeignet als er, gegen
Donald Trump, den Businessman, Entertainer und genialen
Selbstvermarkter.

Wir Medienmenschen – amerikanische und internationale Journalisten und Journalistinnen – sind gut vorbereitet: Wir haben die Kandidatin und den Kandidaten im

Wahlkampf begleitet, kennen ihre Aussagen, kennen ihre Stärken und Schwächen. Donald Trump, der sich über alle und alles lustig macht, seine Kontrahentin »Crooked Hillary« nennt, und Hillary Clinton, die Donald Trump für »unfit to be president«, also ungeeignet für das Präsidentenamt, hält und seine Anhänger »a basket of deplorables – erbärmliche Kreaturen«, nennt. Eine Aussage, die sie noch bedauern wird.

Eine lange Nacht mit Einstiegen in TV und Radio hat für uns Korrespondenten begonnen. Wir alle sind überzeugt: Hillary Clinton wird ins Weiße Haus einziehen, sie wird die erste Präsident*in* der Vereinigten Staaten von Amerika. Das wäre die logische Konsequenz der letzten Jahrzehnte amerikanischer Politik, die Zeit wäre reif für eine Frau an der Spitze dieser Supermacht.

Mit meinem Korrespondententeam verbringe ich die Nacht im ORF-Büro. Es befindet sich in einem Townhouse mitten im trendigen Washingtoner Stadtteil Georgetown, der ORF nennt es seit den 1980er-Jahren sein Eigen. Extrem kommunikativ ist es nicht, die Räume verteilen sich auf drei Etagen. Ich pendle in dieser Nacht zwischen meinem Büro im zweiten Stock, in dem auf mehreren Monitoren unterschiedliche TV-Sender gleichzeitig laufen, und dem ORF-eigenen Studio einen Stock darüber, jederzeit bereit, auf Sendung zu gehen, um in die Wahlnacht einzusteigen, die Nadja Bernhard und Tarek Leitner moderieren und Andreas Pfeifer im Wahlstudio in Wien kommentiert. Die Washingtoner Einstiege in dieser Nacht kommen ausnahmslos aus unserem Büro – für einen Liveeinstieg vors Weiße Haus zu fahren dauert zehn Minuten mit dem Taxi und würde uns von unseren Informationsquellen abschneiden.

Ganz abgesehen davon, dass im Weißen Haus Barack Obama, der nach zwei Amtsperioden nicht wiedergewählt werden kann, die Ergebnisse verfolgt, die beiden Kandidaten aber in New York sind.

Die ersten Ergebnisse zeigen: Es wird knapp, viel knapper, als wir alle angenommen haben. Doch noch sind wir sicher, die für Trump guten Ergebnisse, die uns Starjournalist John King auf CNN präsentiert und die identisch sind mit den Ergebnissen der anderen Networks, sind Ausreißer, mehr nicht. Noch sind wir alle zurückhaltend in unseren Prognosen, aber je länger der Abend dauert, desto unsicherer werden wir, und desto klarer wird: Trump hat gute Chancen, die Wahl zu gewinnen.

Knapp vor 23 Uhr dann Breaking News. Die *Associated Press* prognostiziert: Trump gewinnt den heiß umkämpften Swing State Florida. Damit hat Trump bereits 196 von 270 Wahlmänner- und Wahlfrauenstimmen, die er erringen muss, um Präsident zu werden. Es wird sehr knapp für seine Kontrahentin.

Hillary Clinton hat für ihre Wahlparty das riesige Jacob K. Javits Center in Manhattan, im Stadtteil Hell's Kitchen am Hudson, angemietet. Donald Trumps Team hat im Midtown Hilton eine eher bescheidene Party geplant. Roland Adrowitzer, der aus der ORF-Zentrale in Wien angereist ist, hat, ohne es zu ahnen, den Top-Job bekommen und berichtet live aus dem Midtown Hilton. »Unterdimensioniert war der Raum«, erinnert er sich, »vielleicht halb so groß wie der Raum, den Hillary Clintons Team angemietet hat. Die Atmosphäre auf der Pressetribüne war angespannt, es gab nicht genug Platz, die Reporter der großen Networks stritten sich um die besten Plätze, die ausländischen Korrespondenten versuchten, sich nicht abdrängen zu lassen. Es wurde geschubst, die Stimmung war schon fast aggressiv«, sagt er.

Aus Hillary Clintons groß angelegter Wahlparty im Jacob K. Javits Center wird nichts. Bald ist den Hillary-Fans Enttäuschung in die immer länger werdenden Gesichter geschrieben, viele verlassen die Arena vorzeitig. Tränen fließen, als die Networks verkünden: Der so wichtige Swing State Florida geht an Donald Trump. »Das ist die denkwürdigste Wahlnacht der jüngeren Geschichte«, kommentiert die BBC.

Ich kann mich sehr gut an einen Moment an diesem Abend erinnern: Ich sitze zwischen zwei Live-Einstiegen alleine in meinem Büro. In meinem Kopf ist Leere – ich kann es nicht anders beschreiben: Was passiert da gerade? Was ich mir gedanklich für meine Live-Einstiege zurechtgelegt habe, ist obsolet. Mit voller Konzentration muss ich neu überlegen, was ich den Zusehern und Zuseherinnen zu Hause jetzt sagen soll. Wie erklären, was hier passiert und welche Bedeutung es für die nächsten vier Jahre haben könnte?

Gleich neben dem ORF-TV-Studio im obersten Stock des Townhouses hat sich die Mannschaft der ORF-Radiojournale ein provisorisches Live-Studio für die Wahlnacht eingerichtet. Hartmut Fiedler, der Radio-Auslandschef, und Cornelia Vospernik als Moderatorin sind aus Wien eingeflogen. An diesem einen Tag im Jahr kommt das *Morgenjournal* direkt aus Washington. Mit einem klassischen Radiostudio hat das Provisorium in Washington nichts zu tun, ein paar Tische stehen quer im Raum, selbst gebastelt ist dieses »Studio« und so sieht es auch aus. Unser Techniker hat Live-Leitungen nach Wien gelegt, Studiogäste sind eingecheckt, eine angesehene Politologin – eine der wenigen Deutsch sprechenden Expertinnen in der amerikanischen Hauptstadt – hat zugesagt. Sie trifft ein paar Minuten vor ein Uhr früh ein – sieben Uhr früh in Wien und damit *Morgenjournal*-Zeit und Prime Time im Radio. Im nächtlich leeren Hof vor dem ORF-Büro wollen wir uns einen klaren Kopf verschaffen. Hartmut meint, noch könne sich alles drehen und es werde, mit den bisher noch nicht ausgezählten Stimmen, vielleicht doch Hillary Clinton Wahlsiegerin, aber eigentlich ist uns allen klar: Hier passiert gerade etwas, das in die Geschichte eingehen wird. Unsere Politexpertin soll in ein paar Minuten live auf Sendung gehen. Nur: Sie dreht im Hof Runden, redet mit sich selbst und erklärt, sie wisse nicht, was sie jetzt sagen solle, sie könne unmöglich zum Interview ins Studio gehen.

Ob wir bereit sind oder nicht, um Punkt sieben Uhr läuft die Signation und das *Morgenjournal* beginnt. Es wird eine der chaotischsten *Journal*-Sendungen, die je ausgestrahlt wurden. Souverän wie immer moderiert Cornelia Vospernik den Einstieg. Sie will einen kurzen Live-Redeausschnitt einspielen. Die Technik versagt, der O-Ton ist nicht zu hören. Cornelia überbrückt mit einer kurzen Frage an Hartmut Fiedler, er antwortet ebenso kurz. Cornelia wirft mir die Frage zu: »Für Hillary ist ein Lebenstraum zu Ende gegangen?«, und verschwindet unter dem Tisch, um das technische Problem zu lösen. Reden, reden, einfach weiterreden, bis Cornelia wieder auftaucht, geht mir durch den Kopf. Ein Sendeloch können wir uns nicht leisten. Sehr analytisch war die Antwort vermutlich nicht, aber lang, sehr lang, so lang, bis Cornelia wieder vor ihrem Mikrofon sitzt. Unsere

Expertin hat sich inzwischen etwas von ihrem Schock erholt und schafft es dann doch noch auf Sendung.

Es wird eine lange Wahlnacht für uns, bis feststeht: Entgegen allen Voraussagen, entgegen allen Erwartungen gewinnt Donald Trump, der Außenseiter, diese Wahl. Der nächste Präsident der Vereinigten Staaten heißt Donald J. Trump. Um drei Uhr früh – in Österreich ist es inzwischen Vormittag – tritt Donald Trump in New York vor seine jubelnden Anhänger. Er gibt sich präsidentiell. »Ich will ein Präsident aller Amerikaner sein«, erklärt er, »ein Präsident der Republikaner, der Demokraten und der Unabhängigen. Wir müssen eine geeinte Nation werden.«

Haben wir Donald Trump falsch interpretiert? Waren seine Aggressivität, seine Rüpelhaftigkeit nur Wahlkampfgetöse? Wird er als Präsident ein ganz anderer sein? Einen Moment lang scheint es so.

Am Tag danach bin ich für den Live-Einstieg in die *Zeit im Bild* um 19.30 Uhr im Garten des Weißen Hauses. Direkt vor dem West Wing, dem Trakt, in dem sich das Oval Office, das Präsidentenbüro, befindet, sind die Zelte der TV-Stationen aufgebaut. Ich erinnere mich noch heute sehr gut: In den Minuten knapp vor dem Einstieg, in denen ich mich normalerweise von der Außenwelt abkopple und mich voll auf die Kamera und meinen Einstieg konzentriere, geht mir durch den Kopf: Da drüben, im Weißen Haus, wird statt Barack Obama in ein paar Wochen Donald Trump als Präsident einziehen. Ich kann es mir einfach nicht vorstellen.

Meine Ehrfurcht vor der Institution Weißes Haus, das so viele Präsidenten beherbergt hat und in dem ich so oft aus- und eingehen durfte, schwindet an diesem Tag. Donald

Trump ist vieles: kühl kalkulierender Businessman, ein Deal-maker, ein genialer Marketingmann, ein Wahlkämpfer, der übertreibt. Aber Präsident?

Auch Roland Adrowitzer erinnert sich heute noch genau an seinen Live-Einstieg vom Times Square in New York am Tag nach der Wahl: Er zitiert damals den ehemaligen ORF-Chef Gerhard Weis: »Wem Gott ein Amt gibt, dem gibt er auch Verstand.« Roland kommentiert mit dem Satz: »Ich hoffe, das trifft zu.«

Was ist da passiert?

Donald Trump war selbst mehr als überrascht, diese Wahl zu gewinnen. »Sein Team war auch nach den ersten Exit Polls, den ersten Nachwahlbefragungen, noch sicher, er werde verlieren. Er selbst hat gedacht, er verliert«, resümierte Chris Wallace, damals Starreporter bei *Fox News*, als er einen Monat nach der Wahl Donald Trump interviewte. Trump selbst gab also zu, was wir in den Medien vermuteten: Er hatte nicht damit gerechnet, tatsächlich Präsident zu wer-den. Vielleicht wollte er es auch gar nicht. Aber jetzt musste er durchziehen, was er – möglicherweise als Marketinggag – begonnen hatte.

Washington, die liberale, mit großer Mehrheit demokra-tisch wählende Stadt, die Stadt der Lobbyisten, Anwälte und Journalisten, wie sie so gerne beschrieben wird, war kons-terniert. Wie konnte es sein, dass niemand mit einem Wahl-sieg Trumps gerechnet hatte? Warum hatten wir Journalisten das als Denkunmöglichkeit abgetan? Warum hatte niemand, wirklich niemand – weder ich noch meine amerikanischen oder ausländischen Journalistenkollegen – geahnt, was da passieren würde?

An einen einzigen Moment des Zweifels kann ich mich erinnern: Eine Woche vor der Wahl hatte ich mit meinem Kameramann Markus eine Gruppe von schwarzen Studierenden an der Howard-Universität, der schwarzen Eliteuniversität in Washington, interviewt. Greg Carr, Vorstand des Afroamerikanischen Instituts der Howard University, den ich häufig interviewte, hatte die kleine, aber feine Runde für mich zusammengestellt. Es war spätabends, und die Diskussion lief ganz anders, als ich erwartet hatte: Fast die Hälfte der Studierenden sagte, sie würden nicht zur Wahl gehen – als Form des Protests gegen das Establishment. Auf dem Weg zurück ins Büro kamen Markus und ich mit der sehr redefreudigen Taxifahrerin ins Gespräch: Sie werde Trump wählen, sagte sie. Er rede Klartext, er werde den Sumpf in Washington trockenlegen. »Draining the swamp«, den Sumpf an Korruption in der Hauptstadt und damit im politischen Establishment trockenlegen, dieser Slogan Trumps ist offenbar auf fruchtbaren Boden gefallen.

Die – liberale – *Washington Post* brachte am Tag nach der Wahl eine Analyse mit sehr viel Selbstkritik: »Wir haben nicht zugehört, wir haben uns in unserer eigenen liberalen Blase in Washington vorgegaukelt, dass es so nicht kommen könne, dass Hillary Clinton mit Sicherheit Wahlsiegerin werde. Wir haben nicht mit den Menschen da draußen gesprochen, mit den Menschen in den dünn besiedelten, ländlichen Gebieten zwischen Ostküste und Westküste, haben nicht wahrhaben wollen, dass ihnen andere Themen wichtiger sind als uns.«

Eine zutreffende Analyse. Und doch: Zu Herzen nahm sich diese Analyse kaum jemand. Das »mea culpa« der Medien, die Einsicht, dass man nur das habe sehen wollen, was ins eigene Konzept passte, hielt nicht lange. Wir – und ich nehme mich da nicht aus – hätten viel mehr ins Land hinein fahren sollen, in die Bundesstaaten im Inneren, wir hätten uns nicht von den Aufregern, die Donald Trump im Wahlkampf fast täglich lieferte, blenden lassen sollen, und hätten den Sorgen und Ängsten der Menschen fern von Washington, in Bundesstaaten wie Indiana oder den Dakotas, zuhören sollen. Dann hätten wir vielleicht erkennen können, dass ihr Weltbild ein anderes ist als das der Ostküste, dass sie sich von Washington entfremdet fühlten.

Unmittelbar nach der Wahl 2016 ist sehr deutlich zu beobachten: Die Hälfte des Landes versinkt in Selbstmitleid, »Not Our President« wird in den Straßen skandiert. Die Website der kanadischen Einwanderungsbehörde bricht am Tag nach der Wahl zusammen, schockierte und frustrierte liberale Amerikaner und Amerikanerinnen denken ans Auswandern. Sie tun es im Endeffekt dann aber nicht, belegen die Statistiken.

Die andere Hälfte – die Trump-Wähler – jubelt. Sie haben einen Präsidenten, der ihre Sprache spricht, der ihnen etwas vom »alten«, von »ihrem« Amerika zurückzugeben verspricht. Das Land ist nach dieser Wahl noch tiefer gespalten als zuvor – eine Tendenz, die sich im Lauf der vier Jahre der Trump-Präsidentschaft noch fortsetzen wird.

Falls jemand tatsächlich geglaubt hat, Trump würde als Präsident ein anderer sein, wird schon am Tag der Amtseinführung eines Besseren belehrt: Auf den Stufen des Kapitols wird er an diesem kalten 20. Jänner 2017 angelobt.

Seine Antrittsrede ist denkbar düster, eine Kampfansage: Er spricht von einer kaputten Gesellschaft, von »carnage«, von Gemetzel und Blutvergießen, das die letzten Jahre der amerikanischen Gesellschaft gebracht hätten. Jetzt werde alles anders, die Macht werde von der Washingtoner Elite zurück an das Volk gehen, verspricht er seinen Anhängern. Es ist das Motto, das ihn für diese so attraktiv macht: das Volk gegen die Elite.

Mit versteinertem Gesicht sitzt Hillary Clinton, Trumps Rivalin, die eigentlich die Mehrheit der Stimmen im Land gewonnen hat, aber ob des »Winner Takes All«-Wahlmodus die Wahl verloren hat, in der Menge. Ohne die Miene zu verziehen, sitzen der scheidende Präsident Barack Obama und Michelle Obama auf der Tribüne des Kapitols. George W. Bush, der als Ex-Präsident ebenfalls geladen ist, kommentiert die Rede mit: »That was some weird shit.«

Spätestens an diesem 20. Jänner wird klar: Trump hat sich nicht geändert. Sein Ego überstrahlt alles und muss befriedigt werden.

Wenn die Fakten nicht ins Konzept passen, dann wird das Trump-Team kreativ. Der frisch gewählte Präsident ärgert sich, als das Frühstücksfernsehen am Tag nach der Inauguration Bilder einer halb vollen Mall, wie die Prachtallee vor dem Kapitol heißt, zeigt. »Die Mall war voll, eineinhalb Millionen Menschen waren da, und im Fernsehen haben sie die praktisch leere Mall gezeigt«, beklagt sich Trump. Präsidentensprecher Sean Spicer legt nach und spricht später von »der größten Menschenmenge, die es je bei einer Inauguration gegeben hat«.

Das waren »Fakten«, die die Medien leicht widerlegen konnten. Das National Park Service stellte eine ganze Serie von Fotos zur Verfügung, die die beiden Inaugurationen, jene Tumps 2017 und Obamas erste Inauguration 2009, zeigten. Aufgenommen waren die Fotos zu genau der gleichen Uhrzeit am Vormittag, knapp vor Beginn der Zeremonie um 12 Uhr mittags. Die Washingtoner Verkehrsbetriebe veröffentlichten Zahlen: 570 000 Menschen hatten am 20. Jänner 2017 die öffentlichen Verkehrsmittel der Stadt genützt, mehr als eine Million am Tag der ersten Inauguration Obamas, dem 20. Jänner 2009. Es war eindeutig: Zur Antrittszeremonie des 45. Präsidenten der Vereinigten Staaten, Donald Trump, waren weniger Menschen gekommen als zur Inauguration des 44. Präsidenten, Barack Obama.

Wirklich kreativ wurde dann Trumps enge Beraterin Kellyanne Conway zwei Tage später: Die Fakten, die der Präsidentensprecher gebracht habe, erklärt sie in der NBC-Sonntagsdiskussionsrunde *Meet the Press*, seien eben »alternative Fakten« gewesen. Ein Aufruhr geht durch die Medien, »alternative Fakten« wird zum geflügelten Wort und begleitet Donald Trump durch seine gesamte Amtszeit.

Sein Verhältnis zu den Medien wird in den folgenden vier Jahren nicht besser. Er hasst die Medien, versieht die *New York Times* mit dem Attribut »failing *New York Times*«, CNN (*Cable News Network*) nennt er gerne FNN – »Failing News Network«. Und allesamt verbreiteten sie, wie er sagt, Fake News. Die Medien wiederum lieben es, ihn zu hassen. Wann immer er – und das ist oft der Fall – einen wütenden Tweet loslässt (solange Donald Trump auf Twitter erlaubt war und solange Twitter noch Twitter und nicht X hieß) oder alle, die nicht seiner Meinung sind, beleidigt oder unter der Gürtellinie angreift: Das gibt Gesprächsstoff, Lesestoff für Tage, wenn nicht Wochen.

Wir entrüsteten uns gerne über diesen Präsidenten. Und vergaßen manchmal, dass da eigentlich noch etwas war. Warum haben ihn die Amerikaner gewählt? Warum haben ihn 2020 fast 75 Millionen Amerikaner und Amerikanerinnen wiedergewählt? Das hat viel mit der Person Donald Trump zu tun, und auch damit, dass er genau wusste, wo die Nation verwundbar war und wie er als Disruptor, als Zerstörer, auftreten konnte. Er wusste, dass sich ein Teil der Gesellschaft an den Rand gedrängt fühlte und sich nicht für Political Correctness interessierte. Er war der Mann der Stunde. »Ich kenne niemanden, der den Status quo besser repräsentiert hätte«, sagte mir ein amerikanischer Diplomat. »Er hat etwas total Neues repräsentiert, und dabei vielen das Gefühl gegeben, die tiefer liegende Wahrheit zu sagen.« Die Wahrheit zu sagen im Sinne von: die richtigen Probleme anzusprechen, die Wahrheit, wie seine Anhänger und Anhängerinnen sie sehen.

DIE PERSON
DONALD TRUMP

Wie mache ich aus einem Gefängnisfoto eine PR-Kampagne?
Der Inmate Number P01135809 des Gefängnisses von Fulton
County in Georgia weiß, wie es geht.

Als hätte er den Fotografen angeheuert und selbst Regie-
anweisungen gegeben: Der wohl berühmteste »Mug Shot«
aller Zeiten, das »Verbrecherfoto« von Donald Trump, aufgenommen im Gefängnis von Fulton County, ist einfach
perfekt. Diabolisch, kalkulierend – man kann viel hinein-
interpretieren. Mit stechendem Blick fixiert er die Kamera,
die Augenbrauen zusammengezogen, wie ein Raubtier auf
Beutezug. »I'll be back«, sagt sein Gesichtsausdruck: War-
tet nur, was da auf euch zukommt. Licht und Dunkel sind
perfekt eingesetzt, besser und bedeutungsschwerer hätte
man ihn nicht fotografieren können. Eine Inszenierung
durch und durch. Wie hat er das geschafft? Wen hat er
bestochen? Das sind Gedanken, die mir unweigerlich in
den Sinn kommen.

Wenn jemand geglaubt hat, Trump würde es als Schande
empfinden, der erste Präsident zu sein, der für ein Polizei-

foto posieren muss, der irrt gewaltig. Wer immer geglaubt hat, er könnte das als demütigend empfinden oder es könnte ihm schaden, wurde schnell eines Besseren belehrt. Das Foto ist mittlerweile zum Markenzeichen geworden. Trump selbst rühmt sich damit in den sozialen Medien. Seine Anhänger und Anhängerinnen tragen es auf T-Shirts.

Dieser »Fototermin« fand im Rahmen eines der vielen Gerichtsprozesse statt, die gegen Trump anhängig sind. Er habe versucht, nach der Wahl 2020 die Wahlergebnisse im Bundesstaat Georgia zu manipulieren, wird ihm vorgeworfen. Er wollte, so die Anklage, lokale Verantwortliche zum Wahlbetrug anstacheln. Eines der Beweismittel der Anklage ist das viel zitierte Telefonat, das Trump mit Brad Raffensperger, dem obersten Wahlleiter des Bundesstaates Georgia, führte und in dem er ihn aufforderte, 11 780 Stimmen zu finden, die notwendig wären, um das Wahlergebnis umzudrehen.

Trump versteht es, den Kult um seine Person optimal zu bedienen. Er inszeniert sich selbst mit sehr viel Gespür dafür, was bei seinen Wählern und Wählerinnen ankommt. Jede Schlagzeile ist eine gute Schlagzeile, auch wenn es eine negative ist. Er appelliert an seine Fans auf emotionaler Ebene und macht sie so zu noch treueren Anhängern. Jetzt erst recht. Nach jedem Auftritt vor Gericht steigen die Zustimmungsraten unter seinen Anhängern. Alles eine Justizfarce, Teil der Hexenjagd gegen ihn, so sieht es Donald Trump.

Trump sei der ultimative Antiheld – so beschreibt ihn die Journalistin Jemima Kelly in einem auch unter Republikanern viel beachteten Artikel in der *Financial Times*. Antiheld – eine Rolle, die ihm auf den Leib geschrieben ist.

Er sei der Gegenspieler zum »guten« Helden, mit dem wir mitfiebern, er sei der Bösewicht, den man trotzdem mag. Er müsse sich nicht um Werte kümmern, die wir von einem Helden erwarten. Er bereue nichts, er sei ein amoralischer Außenseiter, der Regeln bricht und neue schafft und dabei Chaos hinterlässt. Und doch ziehe er viele in seinen Bann. Gerade ob seiner zwielichtigen Rolle werde er bewundert. Die Menschen, so Jemima Kelly, mögen Antihelden, weil sie sagen, was sie nicht sagen sollten, und tun, was sie nicht tun sollten. Das ist eine der besten Beschreibungen Donald Trumps, die ich kenne.

Wer ist dieser Donald Trump? Wie schafft er es, so viele Menschen in seinen Bann zu ziehen und gleichzeitig so viele vor den Kopf zu stoßen?

Donald Trump hat eine Art von, nennen wir es, Charme. Es ist eine Art von Charme, die nicht auf den ersten Blick erkennbar ist. Es reicht nicht, Donald Trump nur in Soundbites zu konsumieren, in den zwangsweise kurzen Redeausschnitten im Fernsehen oder im Radio, die das Publikum vorgesetzt bekommt. Man muss ihm länger zuhören, um zu erkennen, dass er tatsächlich Humor hat, sich auch über sich selbst lustig machen kann. Er ist der perfekte Showman, er ist schlagfertig und weiß so gut wie jede Situation für sich zu nutzen. Mein Lieblingsbeispiel: Als es bei einer Wahlkampfveranstaltung in Atlanta plötzlich finster wird, unterbricht er sich selbst mitten im Satz, ohne auch nur die kleinste Pause, und sagt: »Ah, sie haben die Stromrechnung nicht bezahlt« – das provoziert lautes Gelächter im Saal. »So viel besser ohne Licht«, extemporiert er weiter, das Scheinwerferlicht komme ohnehin nur von der Lügenpresse hinten im Saal. »Die Saalmiete muss ich jetzt auch nicht bezahlen.« Als die Scheinwerfer wieder angehen, animiert er sein Publikum, »Dreht die Scheinwerfer ab« zu skandieren – »Turn off the lights! Turn off the lights!«, tönt es aus dem Saal. Immer wieder, bis die Lichter tatsächlich gedämpft werden.

Nehmt ihn doch nicht wörtlich

Die *Washington Post* prägte während des Wahlkampfes 2016 den Satz: »Trump-Anhänger nehmen ihn ernst, aber nicht wörtlich, die Medien nehmen ihn wörtlich, aber nicht ernst.« Es ist ein Satz, der zu Beginn von Donald Trumps politischer Karriere nicht treffender hätte sein können. Der erste Teil des Satzes gilt heute noch: Seine Anhänger und Anhängerinnen nehmen ihn nicht wörtlich, er kann übertreiben, so viel er will, ihnen geht es um die dahinter liegende Botschaft. Der zweite Teil des Satzes müsste heute leicht abgewandelt werden: Die Medien nehmen ihn immer noch wörtlich, aber sie nehmen ihn inzwischen gezwungenermaßen ernst.

Einer, der diesen Satz gerne zitiert, ist Gene Tuttle, ein amerikanischer Diplomat und Trump-Erklärer auf intellektuellem Niveau. In seiner Diplomatenkarriere war Gene Tuttle auch in Wien stationiert, in einem früheren Leben war er Journalist und hat unter anderem für den Fernsehsender CBS gearbeitet. »Trump übertreibt ständig. Aber Donald Trump ist eben ein New Yorker«, sagt er mir, übrigens in hervorragendem Deutsch. Gene ist selbst New Yorker, im Stadtteil Brooklyn geboren und aufgewachsen. Donald Trump ist im Stadtteil Queens aufgewachsen: »New Yorker übertreiben ständig, das darf man nicht so ernst nehmen.« Tuttle lacht dabei. »So wie die Wiener ihren Schmäh haben, haben die New Yorker ihren Schmäh.«

Donald Trump übertreibt maßlos, na und? Das ist ein Satz, den ich immer wieder höre, als ich in der ersten Hälfte des Jahres 2024 in den USA unterwegs bin und mit republikanischen Wählern und Wählerinnen spreche. Wie könne man es wörtlich nehmen, wenn er sagt, dass er jemanden auf der 5th Avenue erschießen könnte und immer noch gewählt würde – das sei nicht mehr als eine Parabel, übertrieben, wie Trump eben alles übertreibt. Er wolle damit einzig und allein sagen, dass er loyale Wähler hat.

Guter Trump, böser Trump

»He is amazing«, dieser Satz fällt mehrmals in einem Gespräch, das ich mit einem persönlichen Freund Donald Trumps führe. »Er ist ein umsichtiger Freund, er hält zu dir. Wenn du in Schwierigkeiten kommst, dann ist er für dich da. Freundschaften bedeuten ihm sehr viel. Mit Freunden aus seinen Kindertagen hält er immer noch Kontakt. Er ist ein loyaler Freund.«

Es ist Chris Ruddy, der ihn so beschreibt, seit 25 Jahren zählt er Donald Trump zu seinen engen Freunden. Chris Ruddy ist Gründer und CEO von *Newsmax*, ein konservatives Nachrichtenportal samt TV-Sender, das Donald Trump gerne nutzt. Chris Ruddy ist einer der einflussreichsten Konservativen Amerikas. *Newsmax* gründete er 1998 in Boca Raton in Florida, 40 Kilometer südlich von Palm Beach, wo Donald Trump in seinem Anwesen Mar-a-Lago residiert und seinen Mar-a-Lago Club führt. Seit damals ist er mit Donald Trump befreundet, er war das jüngste Mitglied, das je in den Mar-a-Lago Club aufgenommen wurde. Die beiden spielen gemeinsam Golf, sie sehen einander regelmäßig. Donald Trump frage ihn oft um seine Meinung, er höre auf ihn, erzählt Chris Ruddy, als Berater sehe er sich aber nicht.

Als Trump nach der Wahl 2020 schlecht auf seinen Haus- und Hofsender *Fox News* zu sprechen war, weil dieser als erster, vor allen anderen, im Swing State Arizona Joe Biden zum Wahlsieger erklärt hatte, wurde *Newsmax* eine Zeit lang sein bevorzugter Sender. Die *Newsmax*-Quoten gingen steil nach oben. Zumindest für einige Monate. Mit dem viel gewichtigeren *Fox News* kann sich *Newsmax* dennoch nicht messen.

Chris Ruddy habe ich im Jahr 2018 bei einem Abendessen in kleinem Kreis bei einem Nobel-Japaner in Washington kennengelernt. Er lädt gerne Journalisten ein, um andere Meinungen zu hören. Als ich ihn ein paar Jahre später, An- fang 2024, um ein Interview für das vorliegende Buch bitte, klagt er über zu viele Interviewanfragen und dass er eigent- lich keine Interviews mehr geben wolle, und findet dann doch die Zeit für ein Gespräch.

Dass Ruddys Beschreibung seines Freundes im Gegen- satz zur öffentlichen Person Donald Trump steht, gibt Chris gerne zu. In der Politik sei eben alles anders. »Er war ein Demokrat, als ich ihn 1998 kennengelernt habe, er hat da- mals Fundraising für Demokraten betrieben, Nancy Pelosi, ehemalige Sprecherin im Repräsentantenhaus, und Chuck Schumer, heute Mehrheitsführer im Senat, waren regelmä- ßig in seinem Büro.« Ruddy war immer schon konservativ, heute gibt sich auch Trump so.

Für Chris Ruddy ist Trump außergewöhnlich, »außergewöhnlich erfolgreich und multidimensional« – top im Business, top im Showbiz und top in der Politik. »15 Jahre lang hatte er seine Fernsehshow *The Apprentice*. Fernsehshows halten sich normalerweise keine 15 Jahre. Er hat ein Immobilienimperium aufgebaut, und er hat es zum Präsidenten gebracht – was willst du mehr?«

Donald Trump als treuer Freund, als Entertainer, als Stimme des sprichwörtlichen »kleinen Mannes«, das ist die Seite, die seine Freunde und Anhänger fasziniert und die sie über die dunkle Seite dieses Mannes hinwegsehen lässt.

So sehr Donald Trump seine persönlichen Freunde schätzen mag, so sehr überschüttet er andere mit Spott und Hohn. Diesen Trump kennt die Welt nach vier Jahren im Präsidentenamt, mit unzähligen Auftritten und Twitter-Meldungen, die zu Hause und international für Aufruhr und Empörung gesorgt haben, nur allzu gut.

Besonders empört hat mich persönlich ein Vorfall im Wahlkampf 2015. Donald Trump machte sich auf offener Bühne über einen Reporter der *New York Times* lustig, der an einer Nervenkrankheit leidet und seine Arme nicht kontrollieren kann. Mit zuckenden Armbewegungen äffte Trump ihn nach. Der Aufschrei in den Medien war groß. Tiefer geht es kaum.

Gegner oder Medienvertreter zu beleidigen, gehört zum Modus Operandi des Donald Trump. Seine politischen Rivalen bedenkt er mit Spitznamen, die variieren, aber immer herabsetzend und verächtlich sind, manchmal einer gewissen Komik nicht entbehren, aber zum Ziel haben, zu verletzen und sich auf Kosten anderer lustig zu machen:

»Crooked Hillary« für Hillary Clinton, »Sleepy Joe« für Joe Biden, »Lying Ted« für den texanischen Senator Ted Cruz, »Low Energy Jeb« für Jeb Bush, der als Langweiler galt, »Crazy Bernie« für den demokratischen Kandidaten Bernie Sanders, oder »Psycho Joe« für seinen Erzfeind in den Medien, den MSNBC-Morgenmoderator Joe Scarborough, sind nur einige davon.

Wie umgehen mit Donald Trump?

Drama und Chaos sind überall zu finden, wo Donald Trump ist. Er provoziert und attackiert. Attacken von anderen kann er aber nicht einstecken. Dann wird er ausfällig und gehässig, beißt zurück, lügt und verdreht Dinge ins Gegenteil.

Ein krankhafter Narzisst, der nur eines im Sinn hat: sich selbst und sein übergroßes Ego in den Vordergrund zu spielen, so sehen ihn viele. Er ist ein Mann, der Menschen bezirzen kann, wenn er sie braucht oder sie ihm gerade nützlich scheinen. So sieht ihn auch einer seiner Geschäftspartner, ein Österreicher, der einst ein Apartment im Trump Tower in New York gekauft und in Trumps Penthouse mit ihm verhandelt hat: »Er gibt dir das Gefühl, du seist im Moment der wichtigste Mensch in seinem Leben. Wenn er zwei Minuten vorher über andere kübelweise Spott ausgeschüttet hat, dich lässt er spüren, du seist die Ausnahme. Du seist anders. Er versteht es meisterhaft, Menschen zu umgarnen. Alles nur Lüge. Er ist nur auf seinen Vorteil aus. Er lässt dich fallen, wenn es für ihn opportun ist. Er ist ein Mensch, mit dem ich nie wieder persönlich zu tun haben will.«

Politiker und Diplomaten diesseits des Atlantiks finden kaum gute Worte für Trump. Einen »irrlichternden Präsidenten« nennt ihn Christoph Heusgen, der Chef der Münchner Sicherheitskonferenz. Er spricht aus, was viele europäische Politiker und Politikerinnen über Trump denken. So gut wie alle, die ihn in seinen vier Jahren als Präsident trafen, taten sich schwer: Sie standen, wie Jens Stoltenberg, mit versteinertem Gesicht daneben, als Trump andere Nato-Mitgliedsstaaten rüffelte, hörten, wie Angela Merkel, mit stoischer Miene zu, als er über Deutschland herzog, oder versuchten, wie Emmanuel Macron, der ihn zum französischen Nationalfeiertag auf die Champs Élysées in Paris einlud, ihm zu schmeicheln.

Wie mit Donald Trump umgehen? Peter Baker ist der Chefkorrespondent der *New York Times* im Weißen Haus. Er hat fünf Präsidenten kommen und gehen gesehen. Seit Bill Clinton beobachtet und analysiert er für die Leserschaft der *New York Times*. Er ist einer jener Journalisten, die man tagtäglich im Presseraum des Weißen Hauses antrifft, die bestens vernetzt sind und denen vom Weißen Haus exklusive Stories gesteckt werden.

Für internationale Politiker hat er schon ein paar Monate nach Beginn von Trumps Amtszeit eine kleine, aber böse Liste von Tipps erstellt, wie sie mit Trump umgehen sollten. Die Liste ist nicht ganz ernst gemeint, sagt aber doch sehr viel über Donald Trump aus. »Keep it Short and Give Trump a Win«, schreibt Peter Baker.

- Halte dich kurz, halte keine 30-Minuten-Monologe, Trumps Aufmerksamkeitsspanne beträgt 30 Sekunden.
- Setze nie voraus, dass er die Geschichte deines Landes kennt oder weiß, was die heiklen Punkte sind.

- Mach ihm Komplimente, gratuliere ihm zu seinem Wahlsieg.
- Lass ihn im Vergleich zu seinem Vorgänger (damals zu Barack Obama) gut dastehen.
- Vergiss, was er im Wahlkampf gesagt hat.
- Halte regelmäßig Kontakt.
- Biete ihm irgendeine Art von Deal an, damit er nachher sagen kann, er habe gewonnen, damit er sagen kann: »Seht her, was ich geschafft habe.«

Sich selbst hat Donald Trump in einem Interview mit *Fox News* zu Beginn seiner Präsidentschaft einmal so beschrieben: »Ich bin smart. Mir muss man nicht dasselbe Problem mit denselben Worten jeden einzelnen Tag in den nächsten acht Jahren erklären.« (Ja, er sprach schon damals von acht Jahren.)

Dass seine Aufmerksamkeitsspanne tatsächlich gering ist, bestätigen viele aus dem Team seiner ersten Amtszeit. Die meisten haben irgendwann frustriert aufgegeben oder sind zurückgetreten, bevor sie gefeuert wurden. Kurze Sätze, wenige Seiten, am besten nur eine einzige Seite, das lernte man in Trumps Umgebung schnell. Geheimdienstbriefings las er selten vollständig, beklagte sich sein Umfeld. Vor seiner ersten Nato-Sitzung im Mai 2017, so zitiert das Magazin *Foreign Policy* amerikanische Diplomaten, sei Rednern geraten worden, in kurzen Sätzen zu sprechen und die Redebeiträge auf maximal vier Minuten zu beschränken, um die Aufmerksamkeit des Präsidenten nicht zu überfordern und ihn nicht dazu zu verleiten, aus Langeweile Tweets aus dem Treffen in die Welt zu schicken.

Ignorant, unberechenbar, korrupt sei er, so beschreibt ihn John Bolton, sein kurzzeitiger Nationaler Sicherheitsberater in seinem Enthüllungsbuch »Der Raum, in dem alles geschah«. Trump habe keine Vision, sei nur getrieben von der Obsession, ständig in den Medien vorzukommen. Er könne sich an keine Entscheidung Trumps erinnern, die nicht auf das Kalkül der Wiederwahl ausgerichtet gewesen sei.

Enthüllungsbücher über Trump haben viele seiner Ex-Mitarbeiter und -Mitarbeiterinnen geschrieben – die Bilder, die sie zeichnen, ähneln einander.

Prahlen liegt Donald Trump, da sind sich alle einig. Das ist immer wieder zu hören. Seine Prahlereien sind auch auf seiner eigenen Website, donaldjtrump.com, immer wieder mal zu lesen. Am Tag nach seinem Sieg über Nikki Haley, Trumps einzige damals noch im Rennen verbliebene Gegenkandidatin, bei den Vorwahlen in South Carolina im Februar 2024, prangt auf seiner Website in schwarzen, gelb unterlegten Lettern: »Complete & Total Victory – Ich habe gerade die Vorwahlen gewonnen«, schreibt er. »Aber die Lügner in den liberalen Medien werden wieder sagen, dieser Sieg bedeute nichts. Wir werden alle, die an uns zweifeln, *beschämen*. Wir machen Amerika wieder groß.«

Trump sei ein Mann, der ständig mit irrationalen Tiraden und Drohungen um sich wirft, ein Mann, der seine Impulse nicht kontrollieren kann, der agiert wie ein Kind, so beschreiben ihn viele. »Unberechenbar« ist das am häufigsten gebrauchte Adjektiv, wenn es um Donald Trump geht. Und weil es so unglaublich war und uns Medienmenschen tagelang Stoff für Kommentare gab, noch einmal der vielleicht meistzitierte und vielleicht ernst, vielleicht doch nicht ernst gemeinte Tweet Donald Trumps: »I'm a very stable genius.«

Einsichten aus familiärer Perspektive bietet Donald Trumps Nichte Mary Trump in ihrem knapp vor der Wahl 2020 erschienenen Buch »Too Much and Never Enough – Zu viel und nie genug. Wie meine Familie den gefährlichsten Mann der Welt erschuf«. Mary Trump mag ihren Onkel ganz und gar nicht. Aber: Mary Trump ist nicht nur Mitglied der Trump-Familie, sie ist auch Psychologin und sieht ihren Onkel deshalb mit fachlich geschultem Blick. Donald Trumps Persönlichkeit erklärt sie aus seiner Kindheit. Die Familie Trump sei zerrüttet und zerstritten gewesen. Donald Trumps Mutter beschreibt sie als schwach und kränkelnd, den Vater Fred als Soziopath: dominant, destruktiv und nur an Geld interessiert. Donalds älterer Bruder Fred – Marys Vater – zerbricht an den ständigen Demütigungen durch seinen Vater, wird zum Alkoholiker, stirbt mit nur 42 Jahren. Donald, neun Jahre jünger, will seinem Vater um jeden Preis gefallen: Er prahlt, lügt, blendet und lernt, dass er mit Toughness und Aggression vorankommt. Mary Trump porträtiert ihn als respektlos, als Bully, der mit seiner Aggression und seiner Prahlerei die eigene Unsicherheit überspielt. »Sein Ego ist fragil, es muss ständig gestreichelt werden, weil er tief im Inneren weiß, dass er nicht die Person ist, als die er sich verkauft.«

Das Manko an Mary Trumps Buch: Donald war der bevorzugte Sohn, erhielt Millionen von seinem Vater, um sein Business aufzubauen, Marys Familie wurde enterbt. Ist das Buch Rache? Ganz sicher, aber nicht nur. Ihre Charakterisierung entspricht genau jener Wahrnehmung von Donald Trump, die die Öffentlichkeit auch ohne psychologische Schulung hat. Wie Donalds Schwester Maryann, eine anerkannte, inzwischen verstorbene Richterin, in einem Interview im Buch zitiert wird: »Er ist ein Clown ohne Prinzipien.«

UNTERWEGS IN FLORIDA

Trumps Persönlichkeit ist widersprüchlich, er eckt an – und doch hat ihn fast die Hälfte der wahlberechtigten Amerikaner und Amerikanerinnen vor vier Jahren gewählt. Für sie zählt nicht seine Persönlichkeit, für sie zählt, wofür er steht. In den folgenden Kapiteln kommen Trump-Wähler und -Wählerinnen zu Wort. Sie stammen nicht nur aus den unteren, bildungsfernen Bevölkerungsschichten. Unter ihnen sind auch viele Wohlhabende, Erfolgreiche und Gebildete, die sich für Donald Trump begeistern. Besonders deutlich wird das in Florida.

Florida ist der Sunshine State der USA, Sonnenschein im Winter ist garantiert. Die, die es sich leisten können und der kalten Jahreszeit im Norden entfliehen wollen, siedeln sich hier an. Manche leben das ganz Jahr da, verlegen ihr Business nach Florida oder verbringen ihren Ruhestand hier. Für andere ist die Wohnung oder die Villa im sonnigen Süden nur ein Winterquartier.

Ein Abstecher nach Florida ist für mich im Jänner 2024, als ich beginne, dieses Buch zu schreiben, eine willkommene

Abwechslung zum kalten Norden. Zweieinhalb Stunden Flug sind es von Washington nach Tampa am Golf von Mexiko. Von dort fahre ich an einem sonnigen, aber kühlen Tag auf dem I-75, dem Interstate Highway, der sich von Michigan ganz im Norden bis zur Südspitze Floridas zieht, in Richtung Süden. Im Radio läuft – zur Einstimmung auf den Abend – *Fox Across America with Jimmy Failla*, die Radioversion des rechtskonservativen Fernsehsenders *Fox News Channel*. In Bonita Springs ist ein Treffen mit einer kleinen Gruppe republikanischer Frauen geplant. Sie sind deklarierte Trump-Fans. Eingeladen hat mich Marcy, wir kennen uns aus Studienzeiten. »Du wirst überrascht sein, was wir zu erzählen haben«, hat Marcy mir in einer E-Mail geschrieben.

Marcy lebt in einer Gated Community, von denen es in Florida viele gibt. Gated heißt so viel wie umzäunt, Sicherheitsbeamte bewachen den Komplex rund um die Uhr. Hier wird nur hineingelassen, wer hier wohnt, als Gast vorangemeldet ist oder nach telefonischem Kontakt des Sicherheitsbediensteten mit den Wohnungseigentümern die Erlaubnis erhält, hineinzufahren.

Palmengesäumte Straßen führen mich zu Marcys Wohnblock. Hurricane Ian hat im späten September 2022 an der südlichen Golfküste Floridas enorme Schäden angerichtet. Hier, in der Luxus-Community von Bonita Springs, arbeitet eine Vielzahl von Gärtnern daran, die opulente Gartenanlage wiederherzustellen.

Die 20-stöckigen Wohntürme der exklusiven Siedlung liegen direkt an der Estero-Bucht, nur ein grüner Streifen geschützter Vegetation liegt zwischen den Gebäuden und dem Golf von Mexiko. Jede Familie, die hier wohnt, ist mit großer Wahrscheinlichkeit auch Mitglied in einem Country

Club oder, hier an der Golfküste, in einem Jachtklub. Die meisten besitzen ein Boot – Boating ist Teil des Lifestyles in Florida. Amerikaner sind stolz darauf, sich diesen Luxus leisten zu können und, ja, sich dieses Luxusleben erarbeitet zu haben, sich dafür nach oben gekämpft zu haben und manchmal auch knapp vor dem Scheitern gestanden zu sein, aber trotzdem immer an den Erfolg geglaubt zu haben.

Auf Leistung sind Amerikaner stolz. Sie reden gerne darüber, wie viel sie verdienen, was sie sich leisten können. Eine New Yorker Bekannte hat mir einmal nur halb im Scherz gesagt: »Wenn du in wohlhabenden Gesellschaftskreisen neue Bekanntschaften machst, lautet die erste Frage: ›Wie viel verdienst du?‹ Die zweite Frage: ›In welche Schule gehen deine Kinder?‹ Und die dritte: ›Mietest du oder bist du Eigentümerin?‹« Falsche Bescheidenheit gibt es auf diesem Kontinent nicht. Die amerikanische Gesellschaft ist keine Neidgesellschaft. Wenn ich reich bin, so das Credo, dann bin ich es, weil ich hart gearbeitet habe, ich habe es mir verdient. Das ist Teil der protestantischen Arbeitsethik – heute nicht mehr so protestantisch, aber immer noch sehr amerikanisch. Da macht es keinen Unterschied, ob es sich um wirklich Superreiche handelt oder um Geschäftsleute, die ihr kleines Familienunternehmen erfolgreich führen.

Marcys Wohnung bietet einen atemberaubenden Blick auf die Bucht. Große Fensterfronten lassen viel natürliches Licht in das großzügige Apartment, mehrere Terrassen laden ein, den Sonnenuntergang über dem Golf von Mexiko zu genießen. Die Wohnung könnte, so wie sie ist, in einem Design-Magazin abgebildet sein.

Marcy ist Republikanerin durch und durch, mit großer Begeisterung hat sie sich bereit erklärt, mich mit ihren republikanischen Freundinnen zu vernetzen. Sie blickt auf eine erfolgreiche Karriere zurück. Sie hat ein Masterstudium an der University of Pennsylvania, einer der Top-Privatuniversitäten der USA, absolviert. Mit einem Fulbright-Stipendium hat sie auch in Wien und in den Niederlanden einige Semester verbracht. Sie war Lektorin an mehreren amerikanischen Universitäten, gründete ihre eigene Übersetzungsfirma, wechselte – wie für Amerikaner üblich – mehrmals den Job und ist jetzt in einem völlig anderen Bereich tätig: Sie ist Maklerin für Luxusimmobilien in Florida. »Dieser Markt ist klein, du kannst nicht viele Immobilien im Jahr verkaufen«, sagt Marcy, »musst du aber auch nicht. Wenn es dir gelingt, Verkäufer und Käufer zusammenzubringen und ein Vertragsabschluss zustande kommt, ist deine Provision entsprechend hoch.« Marcys Ehemann Jerry hat als Musikmanager Karriere gemacht. »Als Manager für schwarze Musiker«, fügt Marcy stolz hinzu. Bilder von Jerrys Klienten zieren die Wände der Wohnung: Jay-Z, Beyoncé und Kool & the Gang sind darunter.

Auch Marcys Freundinnen Pam und Jill sind erfolgreiche Frauen. Auch sie sind Absolventinnen namhafter Universitäten. Pam hat für ein internationales Computer-Softwareunternehmen gearbeitet und daneben mit ihrem Ehemann ein Versicherungsunternehmen aufgebaut. Jill ist CEO eines Zulieferunternehmens der Lebensmittelindustrie, ihre internationalen Kunden sind in der *Fortune 500*-Liste, der Liste der umsatzstärksten Unternehmen der Welt, zu finden. Alle drei sind in der Republikanischen Partei aktiv.

An diesem Abend dreht sich alles um Donald Trump. Kaum jemand in Österreich oder Europa versteht, warum hochgebildete und erfolgreiche Frauen einen Mann wie

Donald Trump unterstützen, einen Kandidaten, der grob und rüpelhaft ist und Frauen auch gerne mal als Sexualobjekte betrachtet, einen Mann, der mit Vergewaltigungsprozessen zu kämpfen hat, der über Minderheiten herzieht, Diktatoren bewundert und mit Fakten eher salopp umgeht. An dem Abend will ich nicht eine Diskussion führen: Ich lasse die Frauen über Trump reden und die Gründe aufzählen, warum sie Donald Trump 2016 und noch einmal 2020 gewählt haben, und warum sie ihn auch 2024 wieder wählen werden.

Jill kommt bestens vorbereitet mit einem zweiseitigen Spickzettel zum Abendessen – am Nachmittag zusammengeschrieben, sagt sie, gemeinsam mit ihrem Ehemann: Punkt für Punkt hat sie aufgelistet, warum nur Donald Trump ihr Kandidat sein kann, warum sie Joe Biden und die Demokraten verachtet und warum Barack Obama ihr Antiheld ist.

Meine Intention ist es, dieser Runde zuzuhören, sie *ihre* Ansichten darlegen zu lassen und nicht zu werten. Meine Gesprächspartnerinnen sprudeln über vor Begeisterung. Gleich zu Beginn kommt aber die Frage: »Wirst du unsere Worte verdrehen, wirst du uns als ›crazy Trumpers‹ darstellen? Die Medien, die linken Medien, die sich Mainstream nennen, glauben, sie wissen alles und wir sind die Dummen«, sagt Jill. »Wir sind für sie die ›deplorables‹, erbärmliche Kreaturen.« Das ist eine Anspielung auf Hillary Clintons abschätzigen Bemerkung aus dem Wahlkampf 2016: Die Hälfte der Trump-Anhänger und -Anhängerinnen sei ein »basket of deplorables«. Eine Schar von Beklagenswerten, die »rassistisch, sexistisch, homophob, xenophob und islamophob sind«, sagte sie bei einem Fundraising Dinner in New York. Es war einer von Hillary Clintons größten

Fehlern – eine Aussage, die dazu beitrug, dass sie die Wahl verlor. In unserer Runde ist zu spüren, wie tief diese Beleidigung immer noch sitzt.

Warum erfolgreiche Business-Frauen für Trump sind

Jills mitgebrachte Liste ist lang: »Why we love Trump« hat sie als Überschrift darüber gesetzt. Punkt Nummer eins auf der Liste: Trump steht für »America First« – nur Trump als Präsident könne das Chaos in diesem Land beseitigen, könne Amerika wieder zu dem machen, was es einmal war. Nur er könne den Niedergang der Nation verhindern. »Der amerikanische Traum ist nach wie vor lebendig. Hart arbeiten, sich an die Regeln halten – dann kannst du den amerikanischen Traum leben«, sagt Jill. Sie ist überzeugt davon, sie hat es geschafft.

Pam stimmt zu: »Ich mag Trump, weil er kein Politiker ist. Er ist ein Businessman, er weiß, wie man ein Business managt. Ich kann kein Geld ausgeben, das ich nicht habe. Die Antwort der Linken ist immer: ›Die Reichen sollen zahlen.‹ Nein! Das ist die falsche Antwort. Wenn du die Reichen um das Vermögen, das sie aufgebaut haben, bringen willst, dann ist das Sozialismus, dann ist das Kommunismus.« Jill stimmt ein: »Ich arbeite hart, ich will weiterkommen, warum soll ich dafür bestraft werden?«

Die galoppierende Inflation der letzten Jahre ist es, die meiner betuchten, aber ökonomisch denkenden republikanischen Frauengruppe Sorgen bereitet. Der Verantwortliche dafür ist für sie schnell ausgemacht: Joe Biden. Unter Präsident Trump sei alles besser gewesen. »Der Wirtschaft ging es gut. Benzin war billiger, Lebensmittel waren leistbar, Energie war billig, die Zinsen waren niedrig, in unseren Pensionsfonds war mehr Geld. Unter Trump wurden die USA energieunabhängig. Die Biden-Regierung setzt auf Klimaschutz und redet von einer Grünen Agenda, das ruiniert unsere Wirtschaft.«

Donald Trump trauen die Amerikaner, und nicht nur meine Republikanerinnen, Wirtschaftskompetenz zu. In allen Umfragen lag und liegt er bei diesem Thema vor den Demokraten. Tatsächlich sind die USA unter der Präsidentschaft von Donald Trump energieunabhängig geworden, die USA wurden zu einem Nettoexporteur von Öl und Gas, sie produzierten mehr Energie, als sie selbst verbrauchen konnten. Sie bauten Flüssiggasterminals für den Export. Auch unter Joe Biden exportieren die USA mehr Energie, als im Land konsumiert werden kann, allerdings hat Trumps Nachfolger den Ausbau von fossiler Energie stark eingeschränkt, den Ausbau von grüner Energie vorangetrieben. »Klimaschutz ist die neue Religion«, regt sich Pam auf. »Und woher kommen die Batterien für Elektroautos? Aus China. Ha, und dann gehen sie in Flammen auf«, sagt sie grinsend. »Manche wollen, dass wir in der Steinzeit leben. Wir haben Kohle und Öl im Überfluss. Und sie, die Demokraten, wollen nicht, dass wir uns mit unserer Energie selbst versorgen.«

Von der Wirtschaft ist es nicht weit zum großen Wahlkampfthema Einwanderung. Es ist ein republikanisch besetztes Thema. In diesem Wahlkampf haben allerdings auch die Demokraten erkannt, dass die Massen von Zuwanderern, die illegal über die Grenze im Süden in die USA kommen, zu einem Problem geworden sind. Mehr als sechs Millionen

Menschen haben unter Präsident Biden illegal die Grenze von Mexiko in die USA überschritten. Genauer gesagt, sechs Millionen sind aufgegriffen worden. Wie viele unbemerkt über die Grenze kamen und immer noch kommen, kann nur geschätzt werden. Von einer Krise an der Grenze spricht mittlerweile auch Joe Biden und verschärft Anfang Juni 2024 die Asylregeln.

Den Demokraten trauen »meine« Republikanerinnen keine Lösung zu. Die Demokraten seien für das Chaos an der Grenze verantwortlich, so der Tenor in meiner Runde: »Warum sollen alle illegal über die Grenze kommen, ohne überprüft zu werden? Warum sollen sie ohne Visum, ohne Arbeitsgenehmigung ins Land können? Geht es da um Wählerstimmen? Gut möglich. Wollen sie die Mittelklasse übernehmen? Gut möglich! Wir zahlen brav unsere Steuern, sollen wir für illegale Migranten zahlen?«, entrüstet sich Jill. »Die Linken, die Demokraten spielen die emotionale Karte, wollen einfach offene Grenzen.«

Die Annahme, dass die Mehrheit der Neuankömmlinge, wenn sie eingebürgert werden, demokratisch wählen würden, ist eine solide These. Die Demokratische Partei steht für ein Sozialnetz, das dem Europas nähersteht als die Ideen der Republikaner. Soziales wollen die Republikaner nicht dem Staat überlassen, sie sind aber bereit, hohe Summen, mitunter sehr hohe Summen, für Sozialprojekte zu spenden. Die Idee dahinter: kein Gießkannenprinzip, dort unterstützen, wo sie persönlich es für notwendig halten, und selbst bestimmen, statt es dem Staat zu überlassen.

Eine weitere große Sorge meiner Runde: Mit den vielen Immigranten würden auch viele Kriminelle eingeschleust. »Die Biden-Regierung lässt das Drogenkartell ins Land. Wir haben ein Riesenproblem mit Fentanyl (ein Schmerzmittel, das die sogenannte Opioid-Krise in den USA auslöste, Anm.). Eine der Haupttodesursachen bei jungen Menschen ist eine Überdosis Fentanyl. Wenn wir fordern, dass die Grenzen dichtgemacht werden, wenn wir eine Mauer wollen, gibt es einen Aufschrei. Wer für kontrollierte Grenzen, für Recht und Ordnung ist, wird als böse dargestellt«, so Jill. »Wenn du für MAGA stehst, erklären sie dich für verrückt, so sieht es die Linke.«

An diesem Abend ist auch viel von einem Kulturkampf die Rede: »Ein Kultur*kampf*? Tatsächlich?«, frage ich. Ja, absolut, ist sich die Runde einig. »Stop Woke« ist das Kampfwort in Florida. »Demokraten und das demokratisch dominierte Bildungsministerium in Washington fördern eine woke Agenda an den Schulen, statt Augenmerk auf wichtige Gegenstände wie Mathematik, Naturwissenschaften oder Geschichte zu legen. Die Bildungsstandards sinken. Die Eliteuniversitäten sind jetzt schon alle woke. Konservative Studierende werden gemobbt.«

Der republikanische Gouverneur von Florida, Ron DeSantis, hat im Jahr 2022 den Stop-Woke-Act eingeführt, um Eltern mehr Mitsprache bei der Erziehung ihrer Kinder zu geben und klassisch links besetzte Themen wie »Diversität« oder »struktureller Rassismus« aus den Schulbüchern zu verbannen: In den Schulen würden Kinder indoktriniert, würden lange, bevor sie es verstehen, mit dem Thema Sexualität und Homosexualität konfrontiert, es werde ein Schuldbewusstsein für die rassistische Vergangenheit der USA erzeugt. Die drei Republikanerinnen stimmen überein: »Im Prinzip wollen sie die Kinder den Eltern wegnehmen, die Erziehung allein den Schulen überlassen«, sagt Jill.

»Erwachsene sollen tun und lassen, was sie wollen«, wirft Pam ein, »aber für Kinder ist das weder passend noch altersgerecht.« Sie, gemeint sind die Demokraten, würden definieren, was Redefreiheit heißt, wollten Kontrolle ausüben – konservativ denkende Menschen hätten keine Redefreiheit, obwohl das Recht in der Verfassung garantiert ist. Redefreiheit hätten nur die Linken, wird argumentiert. »Sie versuchen, unsere christliche Nation zu zerstören, sie wollen die Familie zerstören, sie wollen, dass wir uns nicht mehr als männlich und weiblich definieren. Du musst aufpassen, welche Präpositionen du verwendest«, ereifert sich Jill. Die Linke verstehe es, die Jugend auf ihre Seite zu ziehen. Pam: »Wir Republikaner haben nichts gegen Homosexuelle. Die Demokraten stellen es aber so dar, als würden wir Homosexuelle hassen, als würden wir Diversität hassen – das stimmt einfach nicht.« – »Uns wird einfach vorgeworfen, dass wir weiß sind«, fügt Marcy hinzu.

Alle reden plötzlich von Trans, entrüsten sich die drei Frauen. Bei Transfrauen, die sich im Sport profilieren wollen, ziehen Pam, Jill und Marcy eine klare Grenze. Eines der Aufregerthemen, im Jahr 2022 heiß diskutiert, ist die Schwimmerin Lia Thomas: Lia ist eine Transfrau, die als Mann im Schwimmteam der University of Pennsylvania aufgenommen worden war und nach ihrer Geschlechtsangleichung im Frauenteam der Universität an Wettkämpfen teilnahm. Zu Beginn ihrer College-Jahre war Lia Thomas als Mann an 65. Stelle, als sie ins Damenteam wechselte, war sie Nummer eins. Als Transfrau gewann sie die College-meisterschaften. »Teamkolleginnen, die protestierten, waren plötzlich die Bösen«, so Pam. Der Tenor meiner Frauengruppe: Das sei einfach nur unfair. Nur weil einer sich in seinem

Körper nicht wohlfühle und lieber Frau sein wolle, müssten Frauen mit einem Riesenhandicap gegen eine Transfrau in den Wettkampf gehen. »Männer und Frauen sind nun einmal unterschiedlich gebaut«, sagt Jill. »Du kannst den Frauen doch nicht den Sport wegnehmen.« Detail am Rande: An den Olympischen Spielen in Paris im Sommer 2024 durfte Lia Thomas nicht teilnehmen. Der Sportgerichtshof CAS hat diese Entscheidung gefällt, um Frauenrechte im Sport zu gewährleisten.

Politische Korrektheit hat überhandgenommen, so denken viele Republikaner und Republikanerinnen (und nicht nur sie, sei an dieser Stelle vermerkt). Viele fühlen sich von den Auswüchsen der Political Correctness genervt. Donald Trump hat das Thema für sich entdeckt. Er weiß, dass er mit seiner Abscheu vor politischer Korrektheit eine große Wählergruppe anspricht.

Pam bringt auch ein persönliches Beispiel von Wokeness: »Mein elfjähriger Enkel ist von der Schule nach Hause gekommen und hat erklärt, reiche Menschen seien böse. ›Oma, Opa, seid ihr reich?‹, hat er gefragt. Warum kommt er mit solchen Fragen nach Hause? Warum muss ich mich verteidigen? Nein, habe ich geantwortet, wir haben einfach nur genug Geld, um unsere Pension genießen zu können.« Die Jugend werde mit falschen Botschaften bombardiert.

Was sie denn von der Persönlichkeit Trumps halten, stelle ich als Frage in den Raum. Marcy, die glühende Trump-Verteidigerin, erklärt, warum sie trotz seiner aggressiven und oft beleidigenden Sprache zu ihm steht. »Erfolgreiche Frauen sehen Trump nicht als Superheld, der keine Fehler hat. Er hat Fehler. Wir sehen seine Fehler und, ganz ehrlich, es ist mir egal, ob er sich wie ein Bully benimmt. Wir mögen seine Politik. Als Präsident hat er alle Versprechen, die er vor der Wahl gegeben hat, eingehalten.« Da gehe es nicht um Befindlichkeiten, sondern um Inhalte.

Ein besonders heikles Thema ist Trumps Umgang mit Frauen. »Die Affäre um das Access Hollywood Tape ist mir egal«, sagt Marcy. Die als Access Hollywood berühmt-berüchtigt gewordene Tonbandaufzeichnung wurde einen Monat vor der Wahl 2016 von der *Washington Post* veröffentlicht. Trump, der offenbar vergessen hatte, dass er verkabelt war und andere über sein Mikrofon mithören konnten, redete verächtlich über Frauen: »Wenn du ein Star bist, kannst du tun, was du willst – grab them by the pussy, you can do anything.« »Er ist nicht der Einzige, sie sind alle so«, sagt Marcy. Sie spielt auf Ex-Präsidenten an, denen man Affären nachsagt: »Trump hat Fehler, wie Lyndon B. Johnson sie auch hatte, wie John F. Kennedy sie hatte. Sie sind keine Götter.«

»Ich bin eine Businessfrau«, meldet sich Jill zu Wort. »Ich habe mich mein ganzes Leben neben Männern behauptet. Sie können wirklich Arschlöcher sein, es ist indiskutabel, wie manche mit mir geredet haben. Ich habe mich durchgesetzt, habe ihnen gesagt: ›Wenn ihr Business mit mir machen wollt, dann behandelt mich als Partnerin, dann antwortet gefälligst auf meine E-Mails, ihr seid es mir schuldig, es kostet mich Zeit und Geld, ein Produkt für euch zu entwickeln, und ihr findet es nicht der Mühe wert, mich ernst zu nehmen.‹ Ich bin diskriminiert worden. Ich war die einzige Frau in einer Männerwelt. Ich verstehe, was es heißt, diskriminiert zu werden.«

Das Thema Abtreibung ist eines der Themen, das 2024 wahlentscheidend sein könnte: Wo steht ihr, will ich wissen.

Die Antwort ist legalistisch: »Die Regierung hat sich nicht um soziale Fragen zu kümmern«, sagt Pam. »Die Verfassung sieht das nicht vor. Die Menschen verstehen nicht, oder wollen nicht verstehen, dass der Oberste Gerichtshof nichts anderes getan hat, als zu sagen: Die Entscheidung Roe gegen Wade (die die Abtreibung 1973 bundesweit legalisierte) hätte nie vor den Obersten Richtern landen dürfen. Die Bundesregierung ist nicht zuständig, die Bürger und Bürgerinnen sind es, es obliegt den Bundesstaaten. Der Supreme Court hat nicht gesagt, Abtreibung ist nicht legal, er hat gesagt, die einzelnen Bundesstaaten müssen entscheiden.«

Jill fügt hinzu: »Natürlich ist es ein Frauenthema, aber das sollte nicht darüber entscheiden, wer Präsident wird.« Pam: »Die Demokraten wissen, das ist ein sehr emotionales Thema, und sie wissen, es ist das einzige Wahlkampfthema, mit dem sie gewinnen können. Mit diesem Thema holen sie sich die Stimmen der Frauen und jungen Wähler und Wählerinnen.«

Die polarisierte Gesellschaft

Wie polarisiert die Gesellschaft ist, wird klar, als die Rede auf die Demokratische Partei kommt. Pam: »Die Linken verstehen es wunderbar, Ängste zu schüren. Sie behaupten, wir nehmen den Leuten die Krankenversicherung weg, wir ruinieren die Wirtschaft, wir nehmen ihnen soziale Errungenschaften weg. Sie wollen uns einschüchtern. Trump sei ein Diktator, sagen sie. *Sie* sind Diktatoren, sage ich. Sie sagen uns, wie wir denken sollen, sie sagen uns, dass wir illegale Migranten ins Land lassen müssen. Dabei geht es den Menschen hier in Amerika selbst nicht gut, wir kämpfen mit der Teuerung. Seit Biden Präsident ist, ist Benzin teuer, die Ölpipelines werden abgedreht, sie bombardieren unsere Schiffe, die Grenzen sind offen, Geld wird wie Almosen verteilt. Was ist mit *uns*?«

Zielscheibe der Kritik ist vor allem Barack Obama. Er sei an der ganzen Misere schuld. »Er wollte Amerika von Grund auf verändern. Er war eine Riesenenttäuschung, er hat Hoffnungen geschürt, aber als Präsident hat er die Rassismuskarte gespielt. Weiß gegen Schwarz. Er hat die Nation gespalten«, sagt Jill. »Er hat Öl ins Feuer gegossen und dabei schöne Worte geredet.« Obama ziehe immer noch die Fäden in der Demokratischen Partei.

Ganz im Gegensatz dazu Donald Trump. Er wird als ehrlicher Makler der Mittelklasse und derer, die keine Stimme haben, gesehen. Marcys Meinung dazu ist klar: »Er ist ein forscher, dreister, lauter und ungestümer New Yorker, ich kenne die New Yorker, bin selbst mit einem verheiratet. Sie übertreiben ständig. Aber Trump redet nicht nur, er setzt um, was er verspricht.« Jill: »Politiker sind so korrupt, Demokraten und auch Republikaner. Präsident Trump ist der Einzige, der reich war, als er das Amt angetreten hat, und ärmer war, als er das Weiße Haus verlassen hat. Er liebt unser Land mehr als sein Geld.« Die Biden-Regierung versuche eine faire Wahl zu torpedieren, indem sie Trump all diese lächerlichen Prozesse umhänge und versuche, ihn ins Gefängnis zu bringen.

Den ganzen Abend lang sprechen die Republikanerinnen von »Präsident« Trump. Auch wenn Ex-Präsidenten nach ihrer Amtszeit offiziell mit »Mister President« angesprochen werden, so ist doch auffallend: »President Biden«

höre ich in dieser Runde nicht. Dass Donald Trump die Wahl 2020 gewonnen hat, davon sind »meine« Republikanerinnen wie die Mehrheit der republikanischen Wähler und Wählerinnen überzeugt. »Aber ganz sicher«, sagt Pam. »Wir haben Bilder gesehen von Wahlurnen, die beiseitegeschafft und ausgeleert wurden, statt gezählt zu werden. Unglaublich, was da alles passiert ist […]. Das Wahlsystem ist zugunsten der Demokraten ausgerichtet. Wenn du einen Bibliotheksausweis willst, musst du deinen Führerschein oder einen Personalausweis zeigen. Bei Wahlen oft nicht. Die Demokraten wollen, dass du ohne Ausweis wählen kannst. In Florida, wo die Republikaner das Sagen haben, brauchst du einen Ausweis, in Philadelphia nicht.«

Ein Aufregerthema sind auch die Medien: »Es ist offensichtlich, dass alles, was uns als Nachrichten verkauft wird, großteils fake ist, es ist links und einseitig. Die News sind definitiv gegen uns Konservative voreingenommen«, erklärt Jill. Ihre Informationen beziehen sie von Nachrichtensendern wie *Fox*. Auch das ist ein Beispiel dafür, wie polarisiert die Medien sind.

Der 6. Jänner 2021 – ein Umsturzversuch? Nie und nimmer, eine einzige große Inszenierung, sind sich alle einig. In den Medien werde maßlos übertrieben, was da passiert sei. Die Horde sei einfach ins Kapitol reingelassen worden, da gebe es Videos, die das beweisen, aber nicht an die Öffentlichkeit kämen. Liz Cheney, eine der wenigen Kritikerinnen in der Republikanischen Partei, die Trump vorwirft, die Demokratie zerstören zu wollen, sei eine Verräterin.

Am Schluss kommen wir noch einmal auf Grundsätzliches zu sprechen. Wofür die Republikanerinnen in ihrer Weltanschauung stehen, bringt Pam auf den Punkt: »Ich glaube an weniger Regierung. Die Regierung sollte sich nicht in unser Leben einmischen. Ich brauche niemanden, der mir sagt, wie ich mein Geld ausgeben soll, wie ich meine Krankenversicherung organisiere. Das ist nicht Aufgabe der Regierung. Sie soll unsere Grenzen sichern, dafür sorgen, dass die Wirtschaft boomt, und gute Außenpolitik machen. So wollten es die Gründerväter.« Jill stimmt ein:»Ich bin absolut gegen Big Government.«

Meine Runde spürt und beklagt die Polarisierung der Gesellschaft, die die USA in den letzten Jahren immer mehr prägt:»Niemand denkt daran, dass wir so viel gemeinsam haben, niemand denkt daran, was uns eint. Das fehlt auch in unserer Partei, das ist unsere Achillesferse. Aber man kann doch nicht immer sagen, an allem sei Trump schuld«, sagt Pam.»Die meisten meiner Freunde denken konservativ wie ich«, fügt Jill hinzu.»Aber ich habe auch ein paar, die links stehen. Wir reden einfach nicht über Politik.«

»Du wirst überrascht sein, was wir zu erzählen haben«, hat mir Marcy in ihrer E-Mail vor unserem Treffen geschrieben. Ihr Nachsatz war:»Oder vielleicht überrascht es dich auch nicht.« Wenn mich etwas überrascht hat, war es die Vehemenz der Republikanerinnen. Die Inhalte waren es nicht.

WARUM FRAUEN TRUMP WÄHLEN

Warum wählen Frauen Trump? Diese Frage hat mich immer fasziniert. Trump zieht abschätzig über Frauen her, musste und muss sich einer ganzen Reihe von Prozessen wegen sexueller Übergriffe stellen – und trotzdem wählen ihn Frauen? 2020 waren es 44 Prozent, mehr als vier Jahre zuvor.

Im Februar 2024 findet zum ersten Mal seit vier Jahren, zum ersten Mal seit der Pandemie, wieder eine Gala der Superlative in Mar-a-Lago statt. »A Golden Evening for a Golden President« ist das Motto. Organisiert hat die Gala Toni Holt Kramer. Ganz in Gold gekleidet, ist sie die Zeremonienmeisterin des Abends. Bei James Bond hat man Anleihen für das Motto des Abends genommen: »007 Saved ENGLAND – 0047 Will Save AMERICA« ist neben einem überlebensgroßen Foto von Donald Trump auf einen gigantischen Monitor auf der Bühne projiziert. Wird Donald Trump wiedergewählt, wäre er der 47. Präsident der Vereinigten Staaten. Mar-a-Lago wäre wieder das »Winter White House«.

Der Trump-Adel ist gekommen: Donald Trump junior und seine Verlobte Kimberly Guilfoyle, eine frühere *Fox*-Moderatorin (die übrigens in einem früheren Leben mit dem demokratischen Gouverneur von Kalifornien Gavin Newsom verheiratet war), auch Tiffany Trump, seine Tochter aus der Ehe mit Marla Maples, ist da. Toni Holt Kramer ist mächtig stolz, als der Präsident und seine Frau Melania zu den Klängen von YMCA den Saal betreten. Unzählige Handys werden hochgehalten, um diesen Moment für Instagram, Facebook und Co. festzuhalten. Toni ist auf der Bühne voll des Lobes für Donald Trump, sie himmelt ihn an.

Toni Holt Kramer ist ein Hardcore-Trump-Fan, wie sie selbst sagt. Sie ist die Erfinderin der Trumpettes, die sie gemeinsam mit Freundinnen, alle Society-Ladies wie Toni, im Jahr 2015 gegründet hat. Es ist eine Gruppe von weiblichen Trump-Superfans. Ihre Mission: für Trumps Wiederwahl zu werben, zu zeigen, was für ein großartiger Präsident Donald J. Trump war und wieder sein kann.

Toni habe ich zum ersten Mal in Palm Beach während Trumps Amtszeit getroffen. Ihre Galas seien extravagant, überträfen alles, hat sie mir schon damals erklärt. »Donald Trump hat einen ausgeprägten Sinn für Business. Das braucht das Land«, sagt sie. Nur so könne Amerika geführt werden. Privat sei er »herzlich und umgänglich«. Als Politiker könne er das nicht sein: »Als Präsident der Vereinigten Staaten von Amerika ist er der mächtigste Mann der Welt. Wenn man diese Verantwortung hat, kann man nicht immer nett sein und auf alle Rücksicht nehmen.«

Toni Holt Kramer ist eine der Frauen, die Donald Trump bedingungslos unterstützen, sich in seinem Glanz sonnen und hoffen, dass dabei etwas auf sie abfärbt. Ideologie ist es nicht, was sie antreibt – Toni hat in der Vergangenheit auch Hillary Clinton unterstützt. Für sie ist er der Übervater, der starke Mann, der weiß, wie's geht, und der es besser weiß als andere.

Zu einem Event in Mar-a-Lago war auch schon Marcy eingeladen, meine Gastgeberin in Bonita Springs. »Es war eine Ehre für mich«, sagt sie. Sie und ihre republikanischen Freundinnen sind genauso Trump-Fans wie die Trumpettes. Nur nicht ganz so unreflektiert. Was sie schätzen, ist nicht so sehr der Mann selbst, sondern seine Politik, es sind die Ideen, die er verkörpert. Seine groben Kommentare mögen sie nicht, sie können aber darüber hinwegsehen.

Es ist keine homogene Kategorie von Frauen, die zu Trump steht. Gemeinsam haben sie aber die Entschlossenheit, das Land vor der »extremen Linken« zu retten, ihre Ablehnung politischer Korrektheit und der Cancel-Culture und ihr Misstrauen gegenüber einer zu starken und ihrer Meinung nach übergriffigen Regierung. Was sie eint, ist auch die Ansicht, Trump meine das ja nicht alles so, wie er es sagt.

Trump-Wählerinnen im »wahren« Amerika

Konservative Frauen entsprechen nicht dem Bild von Feminismus, das im Jahr 2024 en vogue ist. Und doch stehen sie für ihre eigene Art von Feminismus. Sie treten selbstsicher auf und sind sich ihrer Macht bewusst.

Anpacken statt jammern, so beschreiben die beiden Journalistinnen Juliane Schäuble und Annett Meiritz in ihrem Buch »Guns N' Rosé – Konservative Frauen erobern die USA«

Frauen in ländlichen Gebieten. Es ist eine Beschreibung, die ich sehr zutreffend finde. Ich zitiere immer wieder gerne Cheryl, die ich vor einigen Jahren bei einem Halloween-Umzug in einer Kleinstadt in Indiana kennengelernt habe. Der ganze Ort war für den Nachmittagsumzug auf der Straße. Ich mischte mich mit meinem Kameramann unter die Leute und kam mit ihr ins Gespräch. »Ich arbeite als einzige Frau in einem Männerbetrieb, ich kann genauso gut Traktor fahren wie jeder Mann in unserem Betrieb«, erzählte mir Cheryl, »ich habe noch nie Probleme mit einem Mann gehabt. Ich weiß genau, wie ich mit ihnen umgehen soll. Sie respektieren mich. Ich bin kein Opfer, ich brauche diese Gruppen nicht, die mir einreden wollen, dass ich als Frau benachteiligt bin.« Der Me-Too-Bewegung kann Cheryl nichts abgewinnen, der Diskussion um genderneutrale Toiletten ebenso wenig. Was für sie zählt, ist harte Arbeit, ist Anpacken. Ideologische Debatten sind für sie Zeitverschwendung. Cheryl wählt Trump.

Kristi Noem, die Gouverneurin von South Dakota, steht für die selbstsichere, rechtspopulistische Frau im ländlichen Amerika, im »wahren« Amerika, wie sich die großteils republikanischen Bundesstaaten in der Mitte des Kontinents gerne nennen. Sie gilt als Hoffnungsträgerin der Republikanischen Partei. Hart, aber nicht besonders herzlich wirkt sie, die Mutter von drei Kindern. Die Ansichten, die sie vertritt, sind extrem konservativ. Mit Donald Trump kann sie ausnehmend gut. Im ganzen Land bekannt wurde sie mit ihrem Widerstand gegen die von Washington verfügten Pandemiemaßnahmen. Kristi Noem war gegen alles: Maskenzwang, Lockdowns, Impfvorschriften. Der Umgang mit Waffen ist für sie eine Selbstverständlichkeit, sie findet auch nichts dabei, Kindern Waffen zu schenken. Dass sie ihren Hund erschoss, weil er unerziehbar war und andere Tiere auf der Ranch angriff, löste in den Medien eine Welle der Empörung aus. Herzlos sei sie, ereiferten sich diverse Journalisten und Tierschützerinnen. Beim Thema Abtreibung steht sie zwar klar auf der Pro-Life-Seite, der Seite der Abtreibungsgegner, wird aber in Interviews zunehmend ausweichend.

Kari Lake, einstige TV-Moderatorin, die 2022 für das Gouverneursamt in Arizona kandidierte, aber gegen die demokratische Kandidatin verlor, will es noch einmal versuchen und kandidiert diesmal für den Senat in Washington. Sie ist loyal zu Donald Trump, tritt mit toughen, radikalen Sprüchen und den üblichen Themen Trumps und seiner Anhänger auf. Trans geht gar nicht: Bei einer Bürgerversammlung an der Arizona State University erklärte Kari Lake zum Amüsement des Publikums, wenn sie einen »Mann« in den Umkleideraum gehen sähe, während ihre Tochter sich dort gerade umziehe, dann würde der nicht mehr herauskommen. Sie tritt für das Recht ein, Waffen zu tragen. Ihrer Tochter schenkte sie zum 21. Geburtstag eine Pistole. »Wenn jemand dich angreift, entlade das Ding, Baby, entlade es«, hat sie ihrer Tochter als Ratschlag mitgegeben. Beim Thema Abtreibung tritt Kari Lake inzwischen allerdings nicht mehr ganz so vehement für ein Totalverbot ein, wie sie es früher getan hat.

Abtreibung: Das heiße Thema des Wahlkampfs

Abtreibung ist das Thema, das Trump viele Frauenstimmen, vielleicht sogar die Präsidentschaft kosten könnte. Er rühmt sich, den als »Roe versus Wade« bekannt gewordenen Obersten Gerichtsentscheid zur legalen Abtreibung zu Fall gebracht zu haben, versucht aber gleichzeitig, sich von allzu strikten Abtreibungsgesetzen in einigen Bundesstaaten zu distanzieren.

Fast 50 Jahre lang galt in den USA das Recht auf Schwangerschaftsabbruch. 1973 wurde es in der Entscheidung Roe versus Wade festgeschrieben. Der damals liberal besetzte Oberste Gerichtshof entschied, dass bundesstaatliche Gesetze, die Abtreibungen verbieten, gegen die Verfassung verstoßen. Dass das Gesetz aufgehoben werden könnte, befürchteten viele liberal denkende Amerikanerinnen, als Donald Trump die beiden konservativen Richter Neil Gorsuch und Brett Kavanaugh sowie die konservative katholische Richterin Amy Coney Barrett nominierte und die Konservativen damit die Mehrheit im Supreme Court hatten. Im Juni 2022 war es so weit: Der Oberste Gerichtshof kippte Roe versus Wade. Die Entscheidung über die Legalität von Abtreibung fiel damit wieder in die Kompetenz der einzelnen Bundesstaaten. Viele republikanisch regierte Bundesstaaten reagierten fast über Nacht mit einer rigorosen Verschärfung, sie hatten diesen Schritt schon lange vorbereitet. In manchen Bundesstaaten ist der Schwangerschaftsabbruch bereits ab der sechsten oder achten Schwangerschaftswoche verboten, was einem totalen Verbot gleichkommt, da viele Frauen zu diesem Zeitpunkt noch gar nicht wissen, dass sie schwanger sind. Arizona machte im Frühjahr 2024 Schlagzeilen, als ein Gesetz aus dem Jahr 1864, das Abtreibung auch bei Vergewaltigung oder Inzest verbietet, ausgegraben wurde – ein Gesetz, das auf eine Zeit zurückging, als Arizona noch gar kein Bundesstaat der USA war. Das ging sogar Donald Trump zu weit: Er plädierte für eine »vernünftige« Regelung. Der Oberste Gerichtshof von Arizona verhinderte schließlich, dass das Gesetz wieder in Kraft treten kann.

Zu weit geht Trump auch eine Entscheidung des Obersten Gerichtshofs von Alabama, die eingefrorene Embryos zu Kindern erklärt. Der oberste Richter Alabamas, Tom Parker, begründete sein Urteil mit Bibelzitaten. Aus Angst, strafrechtlich belangt zu werden, schlossen Fertilitätskliniken in Alabama von einem Tag auf den anderen. Frauen, die gerade eine Fertilitätsbehandlung durchmachten, waren quasi der Kollateralschaden. Entscheidungen wie diese machen es den Demokraten leicht, die Republikaner als radikale Frauenhasserpartei hinzustellen.

Beim Thema Abtreibung versucht Donald Trump den Spagat: Er muss seine Basis zufriedenstellen, ein wichtiger Teil davon sind die Evangelikalen, strikte Abtreibungsgegner. Allerdings ist die Mehrheit der amerikanischen Frauen ganz klar für die Abtreibung – für Frauen in den umkämpften Bundesstaaten ist es mit Abstand das wichtigste Wahlthema, bestätigen Umfragen. Für Trump ist es eine Gratwanderung, keine der beiden Seiten zu vergrämen. In einem Interview mit dem ihm gewogenen Sender *Fox News* im Frühjahr 2024 hat er durchklingen lassen, dass er sich für ein Abtreibungsverbot ab der 15. oder 16. Schwangerschaftswoche einsetzen könnte. Eine Fristenlösung also. Das würde in etwa den Abtreibungsregelungen in den meisten europäischen Ländern entsprechen.

Auch meine Frauenrunde in Florida tut sich nicht leicht mit dem Thema. »Es ist ein äußerst kontroverses Thema«, sagt Marcy, »es spaltet nicht nur Demokraten und Republikaner, sondern auch Frauen innerhalb der beiden Parteien.« Wenn Abtreibung zur Lifestyle-Frage wird, dann geht das für sie zu weit: »Eine Schwangerschaft zu unterbrechen, egal in welchem Stadium, weil eine Frau kein Kind will oder ihre Karriere ihr wichtiger ist, ist nicht o.k. In vielen Bundesstaaten, zum Beispiel New York, ist Abtreibung bis zur Lebensfähigkeit des Kindes erlaubt. Das ist keine Abtreibung, das ist Infantizid.«

Pam führt das legalistische Argument ins Treffen, dass der Supreme Court sich 1973 gar nicht mit dem Thema Abtreibung beschäftigen hätte sollen, er sei nicht für soziale Fragen zuständig. Juristen sagen, dieses Argument sei nicht von vornherein von der Hand zu weisen, der Oberste Gerichtshof habe mit der Entscheidung Roe versus Wade Neuland betreten, indem er sich für zuständig erklärt hatte. Die Frauenrunde weiß, wie gefährlich das Thema für Trump werden könnte: »Die Demokraten wissen, das ist ein sehr emotionales Thema, und sie wissen, es ist das Wahlkampfthema, mit dem sie gewinnen können.« Denn Angst, dass die eigenen Rechte beschnitten werden, ist ein gutes Motiv, zur Wahl zu gehen. So war Abtreibung einer der Gründe, warum die Republikaner bei den Midterms, den Kongresswahlen 2022, nicht so gut abschnitten, wie sie gehofft hatten.

Die konservativen Christen

Allzu weit in Richtung Kompromiss beim Thema Abtreibung können Kandidatinnen, die gewählt werden wollen, nicht rücken, auch Donald Trump kann das nicht, ohne eine andere Wählergruppe zu brüskieren: konservative Christen. Sie haben Trump 2016 und 2020 gewählt, gerade weil er als Pro-Life-Kandidat auftritt.

In North Dakota habe ich über mehrere Jahre immer wieder Kontakt zu einer tiefreligiösen Mittelklassefamilie gehalten: John und Lydia Trandem sind mit ihren drei Kindern, Elsie, James und Marcella, fast so etwas wie eine Bilderbuchfamilie. Sie leben in einem geräumigen, neu gebauten Haus mit vier Garagen in einer neuen Siedlung am Stadtrand von Fargo, einer der laut Statistik lebenswertesten Städte der USA: Die Kriminalitätsrate ist niedrig, Arbeitslosigkeit gibt es kaum und die Wohnungen sind leistbar. John besitzt eine kleine Autowerkstatt, Lydia arbeitet im Büro mit, kümmert sich aber in erster Linie um die Kinder. John und Lydia sind überaus gastfreundlich, erzählen mir gerne über ihr Leben. Auf ihre konservativen Werte sind sie stolz. Vor jeder Mahlzeit wird gemeinsam gebetet. Bibelstunden einmal pro Woche sind Fixpunkte in ihrem Leben. Ihr Glauben bestimmt ihr Leben, sagen beide. Abtreibung ist für sie eine schwere Sünde. Für Lydia war Trumps Pro-Life-Haltung auschlaggebend, ihn zu wählen. »Was mich motiviert, ist seine Einstellung zum ungeborenen Leben und zur Familie. Ich sehe mich selbst nicht als sehr politische Person – mir geht es aber darum, wie Politik sich auf meine Familie und mein direktes Umfeld auswirkt.« Sie mag die Persönlichkeit Trumps nicht. »Ich habe lange gebraucht, bis ich mich für ihn erwärmen konnte. Er war nicht mein Favorit unter den republikanischen Kandidaten. Ich konnte mir anfangs gar nicht vorstellen, für ihn zu stimmen – aber was mich dann überzeugt hat: Er hat sich mit Menschen, die in der Religion ihren Anker gefunden haben, umgeben. Und ich denke, er hat selbst eine Wandlung durchgemacht.« Donald Trump ist zweimal geschieden, hat sich vor dem Einstieg in die Politik für das Recht auf Schwangerschaftsabbruch eingesetzt, ist dann zum Abtreibungsgegner geworden. »Sie glauben ihm diese Wandlung?«, frage ich. Lydia nickt.

Lydia unterrichtet ihre drei Kinder selbst. Homeschooling ist gerade bei konservativen Amerikanern und Amerikanerinnen en vogue und wird immer beliebter. Es ist der am schnellsten wachsende Schulzweig, hat die *Washington Post* recherchiert. Lydia und John sind mit dem öffentlichen Schulsystem nicht einverstanden: Es ist ihnen zu liberal, zu ideologisch links. »Lehrer und Lehrerinnen wollen oft keine anderen Meinungen zulassen. Da sind Kinder ganz schnell isoliert, wenn sie eine andere Meinung haben. Das will ich nicht für meine Kinder. Ich will nicht, dass sie mit ihrem christlichen Weltbild Außenseiter sind.« Was meine Kinder lernen, das bestimme ich selbst und nicht der Staat, ist das Leitmotiv. Nicht nur Lydia sieht das Schulsystem als zu progressiv. Dieses Argument wird von konservativer Seite immer wieder ins Spiel gebracht.

Das Zünglein an der Waage

John Gizzi, der deklariert konservative Journalist, Korrespondent in Washington für das konservative Nachrichtenportal *Newsmax*, fasst es in einem Interview mit mir so zusammen: Konservative Frauen stehen zu Trump, weil er für sie erreicht hat, was ihnen wichtig ist: strikte Abtreibungsregelungen, Alternativen zum öffentlichen Bildungssystem, innere Sicherheit und die Einsetzung konservativer Richter, die dafür sorgen, dass die Traditionen im Rechtssystem gewahrt werden. »Für sie ist es unwichtig, wie er persönlich ist und welchen Lebenswandel er pflegt.«

Sind Frauen wahlentscheidend? Ziemlich sicher. Die oft zitierten Frauen in den Vorstädten, in den Suburbs, sind das Zünglein an der Waage: Mittelklassefrauen, die in der Mitte stehen, die einmal demokratisch, einmal republikanisch wählen. Viele können sich mit dem Rechtsruck der Republikaner nicht anfreunden. Sie sind die kritische Wählerschicht – und die große Chance für die Demokraten.

Donald Trump und sein Supreme Court haben Millionen von Frauen in Amerika ihre Rechte und Freiheiten genommen – das ist die Botschaft, mit der die Demokraten bei den Frauen punkten wollen. Strategen der Demokratischen Partei haben Abtreibung als das zentrale Thema für Frauen identifiziert. Allerdings ist es ein Thema, das im Wahlkampf nicht so richtig zieht. Die Demokraten versuchten im Frühjahr 2024, es noch einmal in den Fokus zu rücken: Joe Biden, der alt und müde wirkt, ist damit bei den Wählerinnen nicht angekommen. Auch Kamala Harris mit ihrem multikulturellen Hintergrund – sie hat karibische und indische Wurzeln – konnte Frauen in ihren Jahren als Vizepräsidentin

nicht wirklich begeistern. Angetreten war die frühere Justiz-
ministerin Kaliforniens mit einem enormen Vertrauensvor-
schuss in den Medien, obwohl sie mit ihrer eigenen Bewer-
bung um die Präsidentschaftskandidatur 2020 sehr rasch
aus dem Rennen war. Joe Biden holte sie als Vizepräsident-
schaftskandidatin, als perfekte Ergänzung zu seiner Person:
erste Frau in diesem Amt, erste Schwarze und erste asiatisch-
stämmige Amerikanerin, eine Demokratin der Zukunft. Auf
dem Papier war alles wunderbar. Doch Kamala Harris
erfüllte die in sie gesteckten Erwartungen nicht, das ihr
übertragene Portfolio – die Einwanderung – war eines der
schwierigsten. Sich da zu profilieren, war fast unmöglich.
Unglückliche Auftritte kamen hinzu. In den ersten Jahren
als Vizepräsidentin war sie in den Medien so gut wie nicht
sichtbar. Seit dem Frühjahr 2024 tourt Kamala Harris allerdings durch die Bundesstaaten, wirbt mit dem Thema Abtreibung für die Demokraten und ist plötzlich überall präsent, auch außenpolitisch: Sie vertrat Joe Biden etwa bei
der Sicherheitskonferenz in München und bei der Ukraine-
Konferenz in der Schweiz. Seit Bidens desaströser Debatte
mit Donald Trump Ende Juni sind die Augen der Öffentlichkeit auf sie gerichtet. Sie ist die logische Ersatzkandidatin
nach dem Rückzug Joe Bidens.

Die Frage wird letzten Endes sein: Was motiviert Frauen?
Was motiviert vor allem die Mittelklassefrauen in den Vorstädten? Der Blick auf die Brieftasche (Donald Trump wird
Wirtschaftskompetenz zugeschrieben) – oder das gesell-
schaftspolitische Thema Abtreibung, mit dem die Demokraten punkten wollen?

BETEN FÜR DONALD TRUMP: DIE EVANGELIKALEN

Es ist ein unscheinbares Haus im kleinen Ort Easley in South Carolina, vor dem mein Kameramann und ich an einem sonnigen Sonntagmorgen im Wahljahr 2016 halten. So unspektakulär haben wir uns eine Kirche nicht vorgestellt – und doch: Es ist eine Kirche. Mark Burns predigt von hier aus zu seiner Gemeinde. Ein paar Holzbänke, ein paar Klappstühle – nur eine Handvoll Leute sind an diesem Sonntag gekommen, um ihn zu hören, aber um sie geht es nicht. Es geht um das Publikum vor den TV-Schirmen. Pastor Mark Burns ist das, was man einen Televangelisten, einen Fernsehprediger, nennt: Seine kleine Kirche ist ein TV-Studio. Wie viele Menschen tatsächlich seine Predigten verfolgen, ist schwer zu schätzen. Zigtausende in mehreren Bundesstaaten sind es, meint er.

»Praise the Lord – hallelujah«, eröffnet Pastor Mark Burns seine Predigt. Eineinhalb Stunden lang redet er, frei und eindringlich, wiederholt sich immer wieder, er betet für das Seelenheil seiner Gemeinde, feuert seine Zuseher und Zuseherinnen an, christlich zu leben, spornt sie an, zu spenden.

Und: Er betet für Donald Trump. Gott habe nichts gegen Reichtum, »Gott will Leistung belohnen«. Den christlichen Idealen widerspricht das in seiner Auslegung der Bibel nicht. »Jesus hat gesagt, ›ich wünsche, dass es dir wohlergehe‹«, zitiert er die Bibel. »Jesus wollte nie, dass du arm sein musst.« *The Hour of Wisdom* – Die Stunde der Weisheit, nennt sich seine Sendung.

An diesem Sonntagvormittag fühle ich mich ein bisschen wie im Film. Auf einem braunen Samtsofa im düsteren Hinterzimmer der Kirche ist Mark Burns im Anschluss an seine Predigt gerne zu einem Interview bereit. Er lobt Donald Trump, auch, oder vielleicht vor allem, weil wir ein Fernsehteam sind und die Kamera läuft. Burns wiederholt die Botschaften aus seiner Predigt: Trump wäre wohl kein Milliardär, wenn Gott es nicht gewollt hätte.

Mark Burns ist Afroamerikaner, verheiratet mit einer Weißen. Tomarra, die blonde Ehefrau, sitzt an seiner Seite. Mark Burns hat Charisma, das ist nicht abzustreiten, sein intensiver Blick ist Teil seines Appeals. Heute strahlen seine Augen besonders hell. Helfen da Kontaktlinsen nach, frage ich mich unwillkürlich? Vieles in seiner Biografie stimmt nicht so, wie er es erzählt. Da mischen sich viele »alternative Fakten« dazu, um im Trump-Sprech zu bleiben. Er hat kein Bachelor-of-Science-Diplom erworben, wie er auf seiner Website angegeben hatte, er hat lediglich ein Semester an der North Greenville University studiert. Auch zu seinem Dienst in der Army hat es Diskrepanzen gegeben. CNN hat das aufgedeckt, Mark Burns gibt zwar zu, übertrieben zu haben, es bringt ihn aber nicht weiter aus dem Konzept.

Bevor Donald Trump die politische Bühne betrat, war Mark Burns unbekannt. Dann erklärte ihn das *Time Magazine* zu »Donald Trump's Top Pastor«. Er sprach zu Beginn des Parteitags der Republikaner 2016 das obligatorische Gebet, selbstverständlich mit der Bitte an Gott, Donald Trump zu unterstützen und ihn zum Präsidenten zu machen. Burns tritt bis heute bei Wahlkampfveranstaltungen und jeder sich bietenden Gelegenheit für Donald Trump auf und sonnt sich im Scheinwerferlicht. Es ist eine für beide Seiten vorteilhafte Beziehung: Donald Trump, dem immer wieder Rassismus unterstellt wird, setzt damit eine Geste in Richtung gleich zweier Wählergruppen: Evangelikale und Schwarze. Und Mark Burns hofft, dass er als Donald Trumps Pastor selbst ein bisschen vom Glanz seines Idols abbekommt.

Warum die Evangelikalen Trump lieben

Die enge Allianz mit evangelikalen Christen hat Trump 2016 zum Wahlsieg verholfen. Die Evangelikalen sind eine der größten religiösen Bewegungen in den USA, die protestantische Glaubensströmung setzt sich aus Anhängern mehrerer Konfessionen, wie Lutheraner, Baptisten und Presbyterianer, zusammen. Gemeinsam ist den Evangelikalen aller Denominationen die Orientierung an der Bibel, die persönliche Bekehrung und die Ablehnung liberaler Theologie.

Wie lässt sich das Phänomen erklären, dass sie mit großer Mehrheit hinter Donald Trump stehen? Zweimal geschieden, unzählige Affären, der Vorwurf sexueller Übergriffe, abfällige Bemerkungen über jeden und alle – wie passt Trumps Lebensweise zum moralischen Ethos der Evangelikalen? In einem Interview gab Trump einmal eine

presbyterianische Kirche in New York City als seine Kirchen-
gemeinde an, ein Anruf dort ergab: Donald Trump ist nicht
und war nie ein aktives Mitglied dieser Kirche.

John Trandem, der schon im vorhergehenden Kapitel
genannte, tiefreligiöse Republikaner aus North Dakota, der
jede Woche zur Bibelstunde geht und seinen Glauben über
alles stellt, hat eine Antwort, die unter Evangelikalen oft
zu hören ist: »Trump ist ein Sünder wie wir alle. Auch ich
bin ein sündiger Mensch. Wenn ich jemanden nur dann
wählen kann, wenn ich alles, was er in der Vergangenheit
getan hat, okay finde, dann könnte ich niemanden wählen,
nicht einmal mich selbst«, sagt er und lacht dabei.

Kaum ein evangelikaler Trump-Anhänger glaubt, dass
Donald Trump besonders religiös ist, bestätigt eine Umfrage
des angesehenen Meinungsforschungsinstituts Pew, aber
die meisten glauben, dass er für Menschen wie sie kämpfen würde. Wer die Anliegen und Werte der Evangelikalen
in seine politische Agenda integriert, ist ein Verbündeter.
Evangelikale sehen Trump als ein Instrument Gottes, das
gesellschaftliche Fehlentwicklungen korrigiert, so drücken
es Religionswissenschaftler aus. Es reicht, dass Trump sich
für konservative Werte stark macht und gegen den liberalen Zeitgeist auftritt.

Das hat er als Präsident getan. Trump hat drei konservative Höchstrichter eingesetzt und damit – weil diese US-
Richter auf Lebenszeit bestellt sind – dem Obersten Gerichtshof auf Jahre und Jahrzehnte hinaus eine konservative
Orientierung gegeben. In der Frage der Abtreibung hat sich
das – aus evangelikaler Sicht – sehr schnell gelohnt. In
der Entscheidung »Dobbs versus Jackson Women's Health
Organization« kippte dieser im Juni 2022 das seit 1973

geltende Recht auf Abtreibung. Sechs der neun Höchstrichter und -richterinnen standen hinter dieser Entscheidung. Evangelikale feierten es als großen Erfolg.

Auch Trumps Eintreten für religiöse Freiheit ist ein Thema von zentraler Bedeutung für die Evangelikalen. Er unterzeichnete 2017, am 4. Mai, dem National Prayer Day, dem Nationalen Tag des Gebets, ein Präsidentendekret zur »Stärkung der Religionsfreiheit und der freien Meinungsäußerung«, das Einschränkungen für religiöse Gruppen und Kirchen lockerte und ihnen mehr Spielraum für politische Aktivitäten gab. So waren religiöse Organisationen etwa nicht mehr verpflichtet, ihren Mitarbeitern und Mitarbeiterinnen über die Krankenversicherung auch Verhütungsmittel zu finanzieren.

Auch seine Unterstützung für Israel sichert Trump die Gunst der Evangelikalen. Er ließ die Botschaft der Vereinigten Staaten von Tel Aviv nach Jerusalem verlegen – in den Augen Evangelikaler eine Erfüllung biblischer Pflicht. Für Trump war es ein Schritt, der zur Festigung der Beziehung zur religiösen Rechten beitrug.

Donald Trump hofiert die religiösen Wähler und Wählerinnen auch im Wahlkampf 2024. »Let's make America pray again«, verkündet er auf seiner Social-Media-Plattform Truth Social. Die Bibel sei sein Lieblingsbuch, erklärt er immer wieder. Er hat sich auch schon als »The Chosen One«, der Auserwählte, bezeichnet. Seit Neuestem vermarktet Donald Trump sogar seine eigene Bibel. Die »God Bless the USA Bible«, die Gott-segne-die-USA-Bibel, ist zum stolzen Preis von 59,99 Dollar erhältlich. Trump hat sie gemeinsam mit dem Country-Musiker Lee Greenwood herausgegeben, Greenwoods Song »God Bless the USA«

ist auch eines der patriotischen Auftrittslieder, das bei keiner Wahlveranstaltung Trumps fehlt. Neben den biblischen Texten enthält die Bibel auch die wichtigsten Dokumente aus der Gründerzeit der USA: die Verfassung, die Unabhängigkeitserklärung und den Treueschwur, die Pledge of Allegiance. Ein Verkaufsgag? Eine Aktion, um leere Kassen aufzufüllen und die horrenden Gerichtskosten der vielen gegen Trump laufenden Prozesse zu finanzieren? Sicherlich auch. Aber die Verknüpfung von christlichen Inhalten und Patriotismus, von Religion und Staat, ist auch eine klare Botschaft an christliche Nationalisten.

Eigentlich gibt es in den USA eine klare Trennung von Staat und Religion, so steht es in der Verfassung. In der Praxis ist aber Religion in der Politik immer zu finden. Präsidenten schwören bei der Angelobung auf die Bibel, »God bless America« ist der unvermeidliche Schlusssatz politischer Reden, nicht nur von konservativen Politikern. Auch Barack Obama beendete seine Reden an die Nation mit dem Satz: »God bless you and God bless these United States of America.«

Der Auserwählte

Mark Burns ist als Afroamerikaner die Ausnahme: Evangelikale Christen sind zu 80 Prozent weiß. Sie sind die Gruppe, die Donald Trump am positivsten beurteilt, bestätigt das Meinungsforschungsinstitut Pew. Die große Mehrheit der weißen Evangelikalen, acht von zehn, haben 2020 Trump gewählt, mehr als vier Jahre zuvor. Die große Mehrheit glaubt auch, dass es die Intention der Gründerväter war, die Vereinigten Staaten als christliche Nation zu schaffen, so Pew. Demografen haben errechnet, dass Weiße in den USA ab 2040 nicht mehr die Mehrheit sein werden, bei Kindern stellen sie bereits jetzt keine Mehrheit mehr. Hand in Hand mit dieser demografischen Entwicklung geht die sinkende Bedeutung von christlicher Religion. Für viele Weiße verkörpert Trump daher die letzte Hoffnung, den schwindenden Einfluss der weißen Christen aufrechtzuerhalten.

Mark Burns, der Fernsehprediger, steht zu Donald Trump – und Donald Trump zu ihm. Burns unternimmt 2024 einen neuen Anlauf, in die Politik einzusteigen, und kandidiert für den Kongress. Zweimal hat er es bereits probiert, bisher ist er gescheitert. Diesmal hat er den Segen Donald Trumps: »Ich kenne ihn seit Langem, er ist ein wunderbarer Mensch, South Carolina – go for Mark Burns!«, empfiehlt Trump den Wählern per Video. »He is a great guy, he is never gonna let you down! – Er ist ein großartiger Mensch, er wird euch nie fallen lassen!«

Mark Burns gibt das Kompliment zurück: »God has chosen him to be the 47th president of the United States – Gott hat ihn auserwählt, der 47. Präsident der Vereinigten Staaten zu sein«, verkündet er auf seiner Website. »Die Welt braucht Donald Trump!«

LATINOS UND SCHWARZE: NEUE WÄHLERPOOLS FÜR DONALD TRUMP

Dilcia ist in Cape Coral an der Golfküste Floridas zu Hause – in einer Stadt, die vor allem wegen ihrer vielen Kanäle bekannt ist. Mehr als 600 Kilometer Kanäle durchziehen den Ort. Viele Häuser liegen am Wasser. Im Winter, wenn die »Snowbirds«, die wohlhabenden Senioren und Seniorinnen aus dem Norden der USA, einfliegen, schwillt die Zahl der Einwohner an. Jeder fünfte, jede fünfte in Cape Coral hat spanische Wurzeln – wie Dilcia. Ursprünglich stammt sie aus Honduras, sie ist legal eingewandert und seit zehn Jahren amerikanische Staatsbürgerin.

Dilcia hat einen ausgeprägten Sinn für Business. Sie hat als Putzkraft begonnen, um sich und ihre Familie zu ernähren, hat hart gearbeitet, inzwischen hat sie fünf Angestellte. Sie ist, wie die meisten Hispanics, religiös, ein aktives Mitglied ihrer Kirche. »Alle in meiner Kirche, in meiner Community, wählen Donald Trump«, erzählt sie: »Wir nennen ihn Papa Trump.« Die Wirtschaft habe unter Trump floriert, er habe viel für die Hispanics getan. Seit Joe Biden Präsident ist, gehe es ihr bei Weitem nicht so gut. Darüber hinaus findet Dilcia Trump unterhaltsam. Viel wichtiger aber: Er vertritt ihre Werte, es sei »verrückt«, was den Amerikanern von den Demokraten aufgezwungen werde. Der LGBTQ- und der Transgender-Bewegung kann Dilcia rein gar nichts abgewinnen. »Das sind nicht unsere Werte.«

Was Dilcia hier erzählt, entspricht genau dem Narrativ, das man in der Latino-Community immer öfter hört. Dilcia steht für einen wachsenden Teil der spanischsprachigen Bevölkerung der USA, die Trump wählt. Latinos sind die größte Minderheit in den Vereinigten Staaten: Jeder fünfte Amerikaner, jede fünfte Amerikanerin ist spanischstämmig. Das sind fast 65 Millionen Menschen. Latinos sind nicht nur die größte, sondern auch die am schnellsten wachsende ethnische Minderheit. 36 Millionen sind 2024 laut dem Meinungsforschungsinstitut Pew wahlberechtigt, noch einmal so viele sind zu jung, um im November zu den Urnen zu gehen, doch sie sind die Wähler und Wählerinnen der Zukunft. Was noch mehr zählt: Immer mehr Latinos leben auch in Swing States wie Pennsylvania, Wisconsin oder North Carolina – das sind jene Bundesstaaten, in denen jede Stimme zählt und ein paar tausend Stimmen entscheiden können, welcher Kandidat den Bundesstaat und damit möglicherweise die Präsidentschaftswahl für sich gewinnen kann.

Latinos oder Hispanics, die Bezeichnung wird im allgemeinen Sprachgebrauch synonym verwendet, sind daher auch eine heiß umkämpfte Wählergruppe. Sie setzen sich aus Immigranten unterschiedlicher Herkunft und unterschiedlicher Kulturen aus Ländern wie Mexiko, Guatemala, El Salvador oder Honduras zusammen. Für Donald Trump und die Republikaner sind sie eine Zukunftshoffnung.

Die Mehrheit der Latinos wählt traditionell demokratisch. Daran wird auch diese Wahl nichts ändern. Und doch ist ein deutlicher – und durchaus überraschender – Trend zu bemerken. Die Zahl derer, die republikanisch wählen, steigt, obwohl Trump mit einer Provokation gegen Mexikaner das politische Parkett betreten hatte. »They are bringing drugs. They are bringing crime. They are rapists. And some, I assume, are good people. – Sie bringen Drogen. Sie bringen Kriminalität. Sie sind Vergewaltiger. Und manche, nehme ich an, sind gute Leute«, erklärte er gleich bei seinem allerersten Auftritt 2015. Der Spruch von »Drogenhändlern, Verbrechern und Vergewaltigern« ist hängen geblieben. Trump legte noch nach: Als Präsident ließ er zwei Jahre später an der Grenze Kinder von ihren Eltern trennen. Die Bilder von Kindern in Käfigen sind noch allzu gut in Erinnerung, sie sorgten weltweit für Entrüstung. Aufregung gab es auch nach seinem Ausspruch: »Illegal immigrants are poisoning the blood of our country – illegale Einwanderer vergiften unser Blut«, im Wahlkampf 2023. Das ist eine Diktion, die an Hitler und die Judenverfolgung erinnert – eine Konnotation, derer sich Trump, wie er später sagte, nicht bewusst war.

Hat das abgeschreckt? Hat es Donald Trump in der darauffolgenden Wahl geschadet? Keineswegs. Die Zahl der Trump-Anhänger und -Anhängerinnen unter den Latinos steigt: 38 Prozent haben 2020 Trump gewählt, das sind um zehn Prozentpunkte mehr als im Jahr 2016. Die Tendenz ist 2024 steigend – hoffen die Republikaner, fürchten die Demokraten. Alle Umfragen deuten jedenfalls darauf hin.

Besonders beliebt unter Latinos ist Donald Trump in Florida, einem Bundesstaat mit großer spanischsprachiger Minderheit. Die Hälfte der Latinos wählte hier 2020 Trump.

Bei den Kongresswahlen 2022 konnte Gouverneur Ron DeSantis als erster Republikaner seit 20 Jahren das bevölkerungsreichste County Miami-Dade, das bisher eine Bastion der Demokraten war, für sich entscheiden.

Die konservative Wertegemeinschaft der Latinos

In Florida, genauer in Miami, liegt auch der zentrale Newsroom von *Univision*, des meistgesehenen spanischsprachigen TV-Senders der USA. *Univision* ist die wichtigste Informationsquelle für Hispanics. Hier wird auch die allabendliche Hauptnachrichtensendung *Noticiero Univision* produziert. Seit den späten 1980er-Jahren moderiert sie Jorge Ramos, mehr als zwei Millionen Menschen sehen jeden Abend zu. Jorge Ramos ist ein Star, der mit Abstand bekannteste spanischsprachige Moderator Amerikas. »Walter Cronkite of Latin America« wurde er schon genannt, in Anspielung auf den legendärsten aller amerikanischen Nachrichtenmoderatoren. Jorge Ramos hat acht Emmys und unzählige Journalistenpreise gewonnen. Das *Time Magazine* hat ihn unter die 100 einflussreichsten Menschen der Welt gereiht. Er hat fast alle wichtigen Politiker Amerikas interviewt: Barack Obama, George W. Bush, Bill Clinton, Hillary Clinton. Aus einer Pressekonferenz Donald Trumps wurde er hinauskomplimentiert.

Jorge Ramos ist in Mexiko geboren – seinen mexikanischen Akzent hat er bis heute behalten. Selbst zugewandert, liegt ihm die Minderheit der Hispanics am Herzen. Er ist der perfekte Gesprächspartner für mich. Was steckt hinter dem Trend, dass immer mehr Latinos zu Trump umschwenken?, will ich von ihm wissen. Jorge Ramos nennt gleich mehrere Gründe: »Latinos verhalten sich immer mehr wie der Rest Amerikas. Vor der Wahl 2016 haben viele gedacht, Latinos würden mit überwältigender Mehrheit gegen Trump sein. Das war eine falsche Annahme. Es zeigt, dass ein Teil der Latino-Wählerschaft komplett assimiliert ist. Wir sind Amerikaner, wir haben dieselben Probleme wie alle anderen auch. Prioritäten sind für uns: Wirtschaft, Bildung und Krankenversicherung. Immigration kommt erst an vierter oder fünfter Stelle, das sagen uns die Umfragen.« Auch denken Immigranten aus lateinamerikanischen Ländern eher traditionell. Jorge Ramos: »Ronald Reagan hat einst gesagt: Latinos sind Republikaner, wissen es nur nicht. Was Reagan damit gemeint hat: Die Werteskala der Republikaner ist in vielerlei Hinsicht jener der Latinos ähnlich. Wenn es um Abtreibung, Religion, den Stellenwert der Familie geht, um die Ablehnung von Big Government, dann trifft das zu. Der Rechtsruck erklärt sich auch aus einem ähnlichen Wertesystem.« Immigration steht zwar nicht ganz oben auf der Prioritätenliste der Latinos, doch auch sie sehen Masseneinwanderung als Problem. Einen dritten Grund sieht Jorge Ramos bei der Demokratischen Partei: »Alle Versprechen, die die Demokraten in den letzten zwei Jahrzehnten gemacht haben, darunter die Einwanderungsreform, haben sie nicht gehalten.«

Was Jorge Ramos, der Intellektuelle, und Dilcia, die Kleinunternehmerin mit niedrigem Bildungsgrad, sagen, bestätigen viele, die in der hispanischen Community aktiv sind: Trump und die Republikaner – in Florida besonders auch Gouverneur Ron DeSantis – haben mehr für Latinos getan als Demokraten, die sich oft nur in Wahljahren interessiert zeigen. So hat zum Beispiel die frühe Öffnung Floridas während der Pandemie DeSantis' Popularität gesteigert, für Arbeiter und kleine Angestellte war es wichtig, dass Geschäfte, Lokale und Schulen offen blieben. Die Demokraten haben keine Struktur an der Basis, keine in der Bevölkerung verankerte Organisation, sie haben schwache Kandidaten eingesetzt – weil sie sich zu sicher gefühlt haben. Auch Alexandria Ocasio-Cortez, die lautstarke linke Abgeordnete der Demokraten und prominenteste Latina im Kongress in Washington, wirft ihrer eigenen Partei an den Kopf, sie würde sich nur in Wahljahren um die Latinos kümmern.

Spricht man mit Hispanics, spürt man bei vielen Unverständnis für die Richtung, in die sich die Demokraten gesellschaftspolitisch bewegen. Wie Dilcia können sie den Themen, die die intellektuelle Linke beschäftigen, wenig abgewinnen. Mit Rechten für Transgender-Personen oder mit der Bezeichnung Latinx als geschlechtsneutrale und inklusive Alternative zu Latinas und Latinos können sie wenig anfangen. Mit Maßnahmen wie »Don't say gay« konnte Gouverneur Ron DeSantis bei der hispanischen Wählerschaft punkten. »Don't say gay« untersagt es Lehrern und Lehrerinnen in Florida, mit Kindern im Volksschulalter über Homosexualität zu sprechen.

Trump hat verstanden, was die Demokraten nicht verstanden haben. Er gibt weniger gebildeten Schichten – und dazu gehören viele Zuwanderer aus Lateinamerika – das Gefühl, er nehme ihre Anliegen ernst, im Gegensatz zum Establishment in Washington. Das hat ihm 2016 den Wahlerfolg gebracht. Hispanics sind auch empfänglich dafür, dass Donald Trump die Politik der Demokraten immer wieder als sozialistisch abqualifiziert. Michael Bustamante,

Professor für Geschichte und Kuba-Experte an der University of Miami, analysiert das so: »Trump setzt die Demokraten mit Sozialismus gleich. Viele Immigranten assoziieren aber Sozialismus, oder alles, was so klingt, mit den Ländern, die sie hinter sich gelassen haben. Die Republikaner haben das sehr geschickt ausgenutzt.« Viele kommen gerade jetzt, nachdem Obamas Politik der Öffnung zu Kuba gescheitert ist, wieder aus Kuba. Oder sie kommen aus Ländern wie Venezuela oder Nicaragua, fliehen vor repressiven oder korrupten linken Regimes.

Hört man sich unter Hispanics in Miami um, erfährt man oft, dass sie mit ihrem Einkommen ihre Familien in den Ursprungsländern unterstützen, dass sie niedrige Steuern wollen, Sozialprojekte aber nicht brauchen. Sie suchen Wohlstand und Stabilität nach einem unsicheren Leben unter unberechenbaren Regimes in ihren Herkunftsländern. Ihnen geht es nicht um einzelne Wahlthemen, ihnen geht es um ihren eigenen kleinen amerikanischen Traum: Wenn ich hart arbeite, komme ich weiter. Der soziale Aufstieg ist Programm.

Diese Erfahrung habe auch ich in meinen Jahren in Washington gemacht: Alle Gärtner, alle Handymen in der Hauptstadt sind Hispanics. »One day I will be rich – eines Tages werde ich reich sein«, hat mir einmal unser Handyman Fernando gesagt, als er den Kühlschrank reparierte. Fernando ist Immigrant aus El Salvador und führt Reparaturen aller Art durch. Er ist selbstständig, hat bereits selbst Subunternehmer angestellt. Ich habe keinen Zweifel daran, dass er einmal reich sein wird. Und ich habe auch keinen Zweifel daran, wen Fernando 2024 wählt: Donald Trump.

Auch der eher links stehende Sender *Univision* versucht, vom Trend der Zeit nicht überrollt zu werden und wagt –

zum Unmut vieler Journalisten und Journalistinnen – eine Annäherung an Trump. Ein erstes Interview mit dem Ex-Präsidenten lief im vergangenen Herbst und sorgte für einen Aufschrei. Zum einen wurde es von einem Moderator des weit weniger liberalen mexikanischen Schwestersenders *Televisa* geführt, mit dem *Univision* vor Kurzem fusioniert wurde. Zum anderen stellte der Moderator »weiche« Fragen, hakte nicht nach, hielt Trump auch dann nichts entgegen, als dieser fälschlicherweise behauptete, Mexiko habe für einen Teil der Mauer gezahlt. Journalisten übten heftige Kritik, weil sie einen Rechtsruck des Senders befürchten. Unter ihnen ist auch Jorge Ramos: »Die Unabhängigkeit unseres Senders ist infrage gestellt.«

Man mag das umstrittene Interview kritisieren, *Univision* passt sich damit freilich der Realität an: Die spanischsprachige Bevölkerung der USA zieht es langsam, aber sicher ins konservative Lager. Die Republikanische Partei ist nicht mehr nur die Partei der alternden weißen Bevölkerung, die Partei der Country Clubs. Sie ist auch die Partei einer neuen Generation von Zuwanderern aus Lateinamerika, die sich ein besseres Leben in den USA erhoffen und bereit sind, für ihren Traum von Reichtum und Ansehen hart zu arbeiten.

Warum die Stimmen der Schwarzen für Trump wichtig sind

Donald Trump und seine afroamerikanischen Wähler – das Thema ist für mich verbunden mit der Präsidentschaft Barack Obamas und der Bedeutung, die sie für Schwarze hatte: Afroamerikanische Freunde reagieren immer noch emotional, wenn sie auf den Wahltag 2008 zurückblicken. Sie sei in Tränen ausgebrochen, als feststand, dass Barack Obama der nächste Präsident der Vereinigten Staaten von Amerika sein werde, sagt meine Freundin Ellie, in deren Familiengeschichte Sklaven aus Afrika genauso eine Rolle spielen wie Weiße der damaligen Oberschicht. Noch heute bekommt sie Gänsehaut, wenn sie an den Wahltag 2008 zurückdenkt. Sie und viele in ihrer Familie hatten nicht gedacht, dass sie diesen Tag je erleben würden.

Die Partei der schwarzen Minderheit war und ist für Ellie und ihre Familie die Demokratische Partei, die Republikanische Partei empfindet sie als engstirnig und gestrig. Auf schwarze Wähler und Wählerinnen wie sie kann sich die Demokratische Partei verlassen. Doch auch dieses Bild wackelt. Mit Donald Trump kam ein neuer Trend, ganz ähnlich dem Trend, der für Latinos zu verzeichnen ist, nur nicht so deutlich ausgeprägt: Die Zahl der Afroamerikaner, die sich als Trump-Anhänger deklarieren und republikanisch wählen, steigt. Eine Gallup-Umfrage zeigt, dass immer weniger Schwarze solide Anhänger der Demokraten sind: 77 Prozent waren es im Wahljahr 2020, 66 Prozent sind es im Wahljahr 2024. Das bedeutet: Die Mehrheit der Schwarzen in den USA wird weiterhin demokratisch wählen. Aber es bedeutet auch: Mehr Schwarze als je zuvor werden vermutlich Donald Trump wählen. Bis zu 20 Prozent könnten es sein, besagen manche Umfragen. Kann man diesen Umfragen trauen? Ist der Trend wirklich so deutlich? Da scheiden sich die Geister – aber die Diskussion über eine Neuordnung der Wählerschaft ist in vollem Gange.

Donald Trump hat das erkannt. Er übt sich auch bei diesem Thema in Übertreibung: »Ich habe mein ganzes

Leben mit Afroamerikanern zusammengearbeitet, habe Jobs geschaffen, in Communities investiert, um Amerikanern aller Hautfarben und Religionen bessere Chancen zu geben«, sagt er in einer Rede vor schwarzen Konservativen, der Black Conservative Federation, in South Carolina im Februar 2024. Bei seinen Bauprojekten habe er viele Schwarze beschäftigt: »Ich sage euch heute und hier: Ein schwarzer Arbeiter ist ein sehr guter Arbeiter. Ihr habt einen unglaublich guten Job gemacht.«

Oft und gerne zitiert Trump Arbeitslosenzahlen während seiner Präsidentschaft: »Noch nie hat es so wenige schwarze Arbeitslose gegeben wie in meiner Amtszeit«, rühmt er sich. Fakt ist: In den 1970er-Jahren musste er sich vor Gericht verantworten. Dem Trump-Unternehmen wurde vorgeworfen, schwarze Mieter diskriminiert zu haben. Man verglich sich. Die Arbeitslosigkeit unter Schwarzen war in seiner Amtszeit tatsächlich sehr niedrig, in Joe Bidens Amtszeit ist sie auf gleich niedrigem Niveau.

Vor der Black Conservative Federation in South Carolina wagte er einen fragwürdigen Vergleich: Er habe Prozesse am Hals, nur weil er Donald Trump sei, das zeige, wie unfair das Justizsystem sei: »Was mir passiert, passiert auch euch. Viele Leute sagen, darum mögen mich Schwarze. Sie wurden diskriminiert wie ich.« Sie könnten sich mit ihm identifizieren, weil auch von ihm ein Mug Shot, ein Polizeifoto, existiere. Die konservativen Afroamerikaner applaudierten. Andere entrüsteten sich über seine Bemerkungen, nannten sie rassistisch.

Der Black-Lives-Matter-Protest gegen Polizeigewalt und strukturellen Rassismus nach der Ermordung des Schwarzen George Floyd in Minneapolis im Jahr 2020 richtete sich in Washington auch gegen Donald Trump, den Präsidenten, der für Law and Order stand. Er igelte sich in der mehrheitlich von Schwarzen bewohnten Stadt Washington im Weißen Haus ein, ließ eine Zaunreihe nach der anderen um seine Residenz errichten. In Erinnerung geblieben ist sein Auftritt mit hochgehobener Bibel vor der gegenüber dem Weißen Haus gelegenen Kirche. Für diesen Auftritt ließ er friedliche Black-Lives-Matter-Demonstranten vertreiben, um bei seinen evangelikalen Wählern zu punkten.

Dennoch: Donald Trump scheint mit seinem Werben um afroamerikanische Wähler und Wählerinnen Erfolg zu haben. Es sei simpel, so Jim McLaughlin, ein Wahlkampfberater Trumps: »Worum geht es den Menschen? Es geht um die Bekämpfung der Kriminalität, es geht um hohe Lebenshaltungskosten, und es geht um die ungezügelte Zuwanderung.« Die Sorgen des täglichen Lebens, wie etwa die Inflation und die Angst, dass die neuen Migranten den Schwarzen Jobs wegnehmen könnten, verdrängen zunehmend die Debatten um Ideologie. Die Demokraten waren einst die Partei der Arbeiter, der Armen und der Minderheiten. Republikaner waren die Partei der Elite – jetzt sind sie für eine ethnisch diverse Arbeiter- und Mittelschicht plötzlich attraktiv.

Einige Politologen nennen auch den Linksruck der Demokraten als Grund für die Bewegung weg von den Demokraten: John Judis und Ruy Teixeira, zwei angesehene, dem linken Spektrum zuzuordnende Politologen, nehmen in ihrem Buch »Where have all the Democrats Gone? – Wo sind all die Demokraten hin?« die Demokraten in die Pflicht: Sie seien zu abgehoben, hätten den Kontakt zu den Durchschnittsamerikanern verloren. Mit Diskussionen über

Transgender-Fragen, über kritische Rassentheorie, über den Klimawandel würden sie auf die falschen Themen setzen. Donald Trump hofiert unterdessen die schwarze Wählerschaft. Jede schwarze Stimme, die er den Demokraten wegnehmen kann, zählt.

Tim Scott, Senator von South Carolina und der einzige Schwarze unter den republikanischen Senatoren, trat zwar 2023 kurzzeitig als Mitbewerber um die Präsidentschaftskandidatur an, stieg aber früh aus dem Rennen aus und stellt sich inzwischen voll und ganz hinter Donald Trump. Bekannt ist Tim Scott als ein Politiker, der auf positive Signale setzt. »Ich bin so stolz auf Amerika«, betont er immer wieder. »Amerika hat so viel für mich getan und kann das für alle tun. ›Shoot for the moon – greif nach den Sternen‹«, habe seine Mutter ihm immer gesagt. Mit harter Arbeit und Disziplin könne man alles erreichen. Scott hat als Schwarzer auch Rassismus erfahren, er erzählt, was alle schwarzen Männer, die ich kenne, bestätigen: dass er auch immer wieder grundlos von der Polizei angehalten worden sei. Ihm, dem Senator, sei sogar einmal der Zutritt zum Kapitol verweigert worden, bis ein weißer Kollege seine Identität bestätigte. Er habe gelernt, Rassismus als eine Hürde zu sehen, die zu überwinden einen nur stärker mache. »Wir bringen unseren Kindern bei, sich als Opfer zu sehen«, sagte er bei einer seiner Wahlkampfveranstaltungen. »Aus diesem Opferdenken ist es schwer herauszukommen, es schürt nur Verzweiflung.«

In einem Interview mit dem Fernsehsender NBC weigerte sich Tim Scott trotz mehrmaliger Nachfrage der Moderatorin, zu bestätigen, dass er den nächsten Präsidenten anerkennen werde. »Ich freue mich auf Präsident Trump«, wiederholte er, »so einfach ist das.« Tim Scott mag so etwas wie das Aushängeschild der Republikaner für konservative Schwarze sein. Einig sind sich die Politologen, dass Donald Trump große Anziehungskraft auf junge schwarze Männer ausübt, schwarze Frauen fühlen sich nicht angesprochen, eine Bewegung weg von den Demokraten ist bei ihnen nicht auszumachen. Die Umschichtung, die im Gange ist, ist bei Schwarzen weit weniger signifikant als bei Latinos.

Im Pool der schwarzen Wähler zu fischen hat Donald Trump dennoch zu einer seiner Prioritäten erklärt, sagt sein Berater Chris LaCivita und gibt sich überzeugt, dass er das auch schaffen kann. Jede Stimme eines Afroamerikaners, die zu den Republikanern wandert, ist eine verlorene Stimme für die Demokraten.

Die offene Frage ist freilich: Gehen von den Demokraten enttäuschte Afroamerikaner auch tatsächlich zur Wahl oder bleiben sie zu Hause? Die Trump'sche Strategie dahinter: Wenn Afroamerikaner schon nicht für mich stimmen, dann sollen sie wenigstens zu Hause bleiben und nicht zu den Urnen gehen. Auch wenn die Stimmen zu parteilosen Kandidaten wie Robert F. Kennedy jr. wandern, wird Trump laut allen Umfragen bei Afroamerikanern besser abschneiden als alle republikanischen Kandidaten der letzten Jahrzehnte. Die Strategie könnte greifen.

Donald Trump sieht jedenfalls eine historische Chance.

TRUMP-WÄHLER
DER GEBILDETEN SCHICHTEN

Sie sind so anders als die typischen Trumper, die man bei Trump-Wahlveranstaltungen in großen Stadien findet und die für Donald Trump durch dick und dünn gehen würden. Sie johlen nicht, wenn Trump wieder einmal politische Gegner beleidigt, sie finden seine Vergleiche wenig amüsant. Und doch: Sie wählen Donald Trump – und haben Gründe dafür. Ohne Wähler der gebildeten Schicht, ohne Wählerinnen, die sich bewusst für sein Programm entscheiden, auch wenn sie seine Persönlichkeit nicht mögen, wäre Donald Trump nicht mehr als ein Populist, der Schwierigkeiten hat, sich nach Rechtsaußen abzugrenzen. Er wäre 2016 nie gewählt worden, er hätte bei seinem zweiten Antreten 2020 nicht fast die Hälfte der Amerikaner und Amerikanerinnen überzeugen können, er läge nicht in allen Umfragen im Wahlkampf 2024 so gut. Die Theorie, dass die Kernwählerschaft Trumps wenig gebildet, weiß und männlich ist und sich vom Establishment vernachlässigt fühlt, ist valide, aber sie reicht nicht aus, um das Phänomen Trump zu erklären.

Trumps businessfreundliche Politik

Trevor Traina etwa ist auf dem diplomatischen Parkett genauso zu Hause wie in der Tech-Welt des Silicon Valley. Als Technology-Entrepreneur, CEO und Diplomat bezeichnet er sich selbst. Er hat Start-ups gegründet, hat Unternehmen an Giganten wie Microsoft verkauft, besitzt Weingüter im kalifornischen Napa Valley, ist Kunstsammler und gehört der High Society von San Francisco an. Studiert hat er an gleich drei Eliteuniversitäten: Berkeley, Princeton und Oxford. Von 2018 bis 2021 war er Botschafter der Vereinigten Staaten von Amerika in Österreich – wie übrigens schon sein Großvater in den 1970er-Jahren. Nominiert wurde Trevor Traina von Donald Trump – und Traina steht auch heute, drei Jahre später, noch zu ihm. Diplomat ist er geblieben: Wenn es heikel wird, weiß er auszuweichen und diplomatische Erklärungen zu finden.

Trumps Charakter ruft Widerstand hervor, das sieht auch Trevor Traina so: »Trumps Persönlichkeit ist oft in Konflikt gestanden zu seiner Politik und auch zu seinem Team. Seine Persönlichkeit, die viele mögen, weil er sich damit von Karrierepolitikern unterscheidet, stößt andere ab.«

Was macht seine Anziehungskraft aus, was ist Trumps Appeal?, frage ich Traina: »Donald Trump ist ein Businessman. Seine Politik war vernünftig, sie war Pro-Business. Er war in vielem moderat, hat sich darauf konzentriert, Ineffizienz und Leerlauf zu eliminieren. Er ist als Außenseiter gekommen, als in beiden Parteien die Insider das Sagen hatten. Sie standen für Systemerhalt und nicht für die Werte, die die USA ausmachen. Trump hat das System radikal verändert, ist mit viel Pragmatismus ans Werk gegangen, und das zu einem Zeitpunkt, als Amerika das gebraucht hat«, so Traina in unserem per E-Mail geführten Interview.

Ganz ähnlich wie der Ex-Botschafter klingt auch Michael, ein enger Bekannter von mir, der in der Finanzwelt zu Hause ist und nicht mit vollem Namen genannt werden will (weil in der Finanzwelt jeder jeden kennt, wie er sagt). In Saint Petersburg in Florida sitze ich mit ihm und seiner Frau Sandra, einer emeritierten Universitätsprofessorin, zusammen, unter Palmen, wie es sich in Florida gehört: »Viele in der Wirtschaft haben applaudiert, als endlich der überbordenden Bürokratie der Kampf angesagt wurde. Fünfzehn Jahre für eine Genehmigung, um einen Damm zu bauen? Solche Schikanen hatten die Menschen satt. Trump hat damit aufgeräumt. Er hatte keine Angst, dass er jemandem auf den Schlips treten könnte. Er hat frischen Wind hineingebracht.« Als Person kann Michael Donald Trump nicht ausstehen, aber: »Zwei Mal habe ich ihn gewählt, habe weggeschaut und mir die Nase zugehalten, als ich mein Kreuz auf den Wahlzettel gesetzt habe.« Trumps businessfreundliche Politik hat Michael überzeugt.

Trump personifiziert für viele den amerikanischen Leistungsgedanken – auch für John Trandem. John, den ich schon im Kapitel »Beten für Donald Trump« zitiert habe, ist der Prototyp des Selfmademans, des erfolgreichen Kleinunternehmers. John und seine Familie, solide Mittelklasse, habe ich während meiner acht Jahre in den USA immer wieder zitiert, wenn ich Stimmen aus dem republikanischen Lager zu Wort kommen lassen wollte. Seine kleine Autowerkstatt in Fargo in North Dakota, dort, wo die Winter besonders kalt sind, ist nicht viel mehr als eine Lagerhalle in der Industriegegend der Stadt, aber sie läuft gut. John bietet persönlichen Kundenservice, wie man ihn nur in einem Kleinbetrieb finden kann, hält seine Werkstatt schon mal länger offen, wenn eine Kundin ihr Auto zu späterer Stunde abholen will. John ist nebenbei auch Funktionär der Republikanischen Partei und seit Kurzem deren Vizevorsitzender im Bundesstaat North Dakota. Die Wände in seinem Büro sind voll mit Fotos: John mit Donald Trump, John mit dem republikanischen Senator von Texas Ted Cruz, John und seine Frau Lydia mit dem früheren Wohnbauminister Ben Carson.

Ganz klein habe er angefangen, erzählt mir John, mit sehr wenig Geld. In seine Autowerkstatt hat er schon investiert, als er noch am College war, ohne zu wissen, ob er es finanziell schaffen würde oder ob der Traum von Selbstständigkeit platzen würde. Wie die meisten jungen Leute war er in seiner Jugend »ein bisschen links«, sagt er, ist inzwischen aber gefestigt in konservativer Ideologie und ein absoluter Gegner der Vorsorgementalität der Demokraten: »Zu viele erwarten, dass der Staat alles für uns tut. Großzügige Unterstützungsprogramme halten viele davon ab, hart zu arbeiten und Eigeninitiative zu zeigen. Die amerikanische Arbeitsethik ist verloren gegangen. Die Menschen müssen wieder Ambitionen haben, sich im Job engagieren, den Dollar wieder schätzen lernen.« Trump ist für ihn der Mann, der das umsetzen kann.

Was sind für ihn die wichtigsten Themen 2024? »Es ist nicht zu leugnen, dass die Post-Covid-Inflation das Budget von Familien im ganzen Land durcheinandergebracht hat und dass die Politik der Biden-Regierung, auch wenn die Demokraten das Gegenteil behaupten, nichts dazu beigetragen hat, die Sorgen der Menschen ernst zu nehmen. Ich kaufe die Lebensmittel für meine Familie nicht selbst ein – sonst würden wir verhungern –, aber Lydia redet immer wieder über den dramatischen Preisanstieg für Dinge des täglichen Lebens. Wir alle merken das, und Familien mit niedrigem Einkommen sind am stärksten betroffen. Wenn du den linken Erklärern im Fernsehen zuhörst, sagen sie dir, das sei nur eingebildet, aber es ist sehr real für die, die an der Supermarktkasse oder an der Tankstelle jetzt viel mehr bezahlen müssen.«

In der Tat wird die Inflation bei Lebensmitteln und Benzin (in den USA ist man außerhalb der Großstädte auf das Auto angewiesen), bei Gütern des täglichen Lebens, subjektiv stark wahrgenommen. Von republikanischen Wählern wird sie immer wieder als Beweis dafür genannt, dass die Demokraten nichts von Wirtschaft verstehen. Die Wirtschaftsdaten sind gegen Ende der Amtszeit Joe Bidens jedoch gut, die Inflation hat nach den Rekordwerten infolge der Pandemie längst wieder normales Niveau erreicht, Arbeitslosigkeit ist in den USA praktisch nicht existent. Die Biden-Regierung hat es aber nicht geschafft, die florierende Wirtschaft auch als Wahlkampfthema für sich zu etablieren. Wirtschaftskompetenz sehen die Wähler seit jeher bei Donald Trump, in allen Umfragen liegt er, wenn es um Wirtschaft geht, vorne. Donald Trump verkauft seine (vermeintliche) Wirtschaftskompetenz gut.

Ein Topthema der Wahlen: Migration

John Trandem bringt auch das Aufregerthema Einwanderung ins Spiel: »Die Teuerung wird durch die Millionen von Ausländern, die über unsere Grenzen kommen, noch verschärft. Die Demokraten tun so, als wäre das mit der Einwanderung aus Europa vor über hundert Jahren vergleichbar. Das ist es ganz klar nicht. Die illegal ins Land Gekommenen sollen, wenn es nach den Demokraten geht, wählen dürfen, sollen Sozialhilfe beziehen dürfen. Die Demokraten schaffen damit eine permanente Unterschicht, der es nie wirklich gut gehen wird, die aber die Demokratische Partei wählt, weil sie ihr Brot und Spiele bietet. Gut für die Partei, aber nicht gut für uns, die wir die Rechnungen bezahlen müssen, weil sie uns unsere Jobs und sozialen Ressourcen wegnehmen. Donald Trump hat auch Fehler gemacht, seine Covid-Programme waren aufgeblasen und ineffizient – aber als Joe Biden Präsident wurde, haben wir gesehen, dass die Demokraten noch viel ärger sind. Ich hoffe, dass wir in einer zweiten Amtszeit Trumps den Schaden wiedergutmachen können, dass wir unsere Finanzen in Ordnung bringen und eine Einwanderungsreform schaffen, die sinnvoll, empathisch und für alle gut ist.«

Immigration ist eines der Themen, mit denen Donald Trump punkten will. Auch die Demokraten haben erkannt, welche Emotionen das Thema weckt, und sprechen inzwischen von einer veritablen Krise an der Grenze im Süden.

In einem einzigen Monat, im Dezember 2023, haben offiziell 300 000 Menschen die Grenze überquert, dazu kommen noch all jene, die die Grenze von Mexiko in die USA illegal überschritten haben, ohne aufgegriffen zu werden.

Die 800 Kilometer Mauer, die Trump zu bauen versprochen hatte, wurden zwar nur zu einem Bruchteil tatsächlich gebaut, doch ein Abkommen mit Mexiko sorgte dafür, dass die meisten Einwanderungswilligen aus dem Süden in Trumps Amtszeit gar nicht bis an die US-Grenze kamen, sondern in Mexiko festgehalten wurden. Seitdem die Regeln unter der Biden-Regierung wieder gelockert wurden und die Grenzen durchlässiger geworden sind, sind Millionen ins Land gekommen – und viele davon untergetaucht.

Migranten kommen längst nicht mehr nur aus mittelamerikanischen Ländern wie Guatemala oder Honduras. Es sind auch viele Afrikaner darunter und immer mehr Chinesen, die vor Armut, Repression und Korruption zu Hause flüchten. Der TV-Sender CBS hat den Weg der chinesischen Flüchtlinge nachverfolgt: Die meisten fliegen in die ecuadorianische Hauptstadt Quito, weil sie für Ecuador kein Visum brauchen. Für 5000 Dollar kaufen sie Flugtickets und genaue Wegbeschreibungen fürs Handy über Busrouten und Dschungelpfade bis zur US-Grenze. Die Zahl der Chinesen, die illegal über die Grenze kommen, hat sich innerhalb eines Jahres verzehnfacht.

Die republikanisch regierten Bundesstaaten im Süden, die mit der großen Anzahl Einwanderer überfordert sind, haben sich neue Ideen einfallen lassen, um auf ihr Problem aufmerksam zu machen: Sie schickten Flugzeuge und Busse voll Migranten in den Norden, nach New York oder auch auf die Prominenteninsel Martha's Vineyard in Massachusetts, um maximale Aufmerksamkeit zu erzielen. Der Hintergedanke der republikanischen Gouverneure: Die demokratisch regierten Städte und Bundesstaaten, die sich liberal geben, immer für Migration und für Menschenrechte argumentieren, sollten sehen, wie die Wirklichkeit aussieht. New York ist, wie die meisten Großstädte, eine sogenannte Sanctuary City. Das heißt, niemand, der ohne Papiere aufgegriffen wird, wird abgeschoben. Das Problem mit Migranten, Obdachlosen und steigender Kriminalität ist aber inzwischen so groß geworden, dass der Bürgermeister von New York, Eric Adams, im Sommer 2023 erklärte, New York City erlebe die größte humanitäre Krise seiner Geschichte. Adams tritt für eine Änderung der Sanctuary-City-Regeln ein.

Meine Freunde Michael und Sandra sind vor Kurzem von Los Angeles nach Florida gezogen und fühlen sich im republikanisch regierten Florida wohl. »Der Bundesstaat funktioniert wie ein Uhrwerk«, sagt Michael, »wir haben nicht die Probleme, mit denen wir in Kalifornien konfrontiert waren.« Sandra, die ich schon sehr lange kenne und als eher links einstufe, hat sich ihr ganzes Leben für die Integration von Ausländern eingesetzt und stimmt zu: »Los Angeles ist eine Sanctuary City, aber wir können nicht einfach alle aufnehmen. Ich liebe die Stadt, ich liebe die Menschen, aber Downtown Los Angeles, wo ich oft für meine Universität zu tun hatte, ist seit ein paar Jahren voll von Unterstandslosen und Drogensüchtigen, die oft auch aggressiv sind. Vor Jahren haben Michael und ich sogar für eine Steuererhöhung in Kalifornien gestimmt, die höheren Steuern hätten Unterstandslosen zugutekommen sollen. Bewirkt hat unser Steuergeld nichts.«

Sandra will absolut nicht als Migrationsgegnerin gesehen werden: »Ich habe mich immer für Migranten eingesetzt, ich habe ausländischen Studierenden geholfen. Ich habe Einwanderer aus Kambodscha unterstützt, habe sie bei mir zu Hause aufgenommen und ihnen jahrelang geholfen.

Aber jetzt muss ich sagen: Wir haben inzwischen ein enormes Problem mit illegaler Einwanderung.«

Trump – ein vertrauenswürdiger Präsident?

Abseits des Themas Migration: Wie schätzen Trump-Wähler und -Wählerinnen die Präsidentschaft Donald Trumps ein? Was hat er als Präsident erreicht? Viel, meint Trevor Traina, der Diplomat und Tech-Entrepreneur: »In seinen vier Amtsjahren hat er Meilensteine gesetzt. NAFTA (North American Free Trade Agreement), das Freihandelsabkommen mit Kanada und Mexiko, hat er neu verhandelt, er hat überbordende Regulierung reduziert, hat veranlasst, dass in unglaublicher Geschwindigkeit, in weniger als zwölf Monaten, ein Covid-Impfstoff am Markt war, er hat das Militär neu aufgestellt und hat Amerikas Position in der Welt gestärkt.«

Für Gene Tuttle, den schon im Kapitel »Die Person Donald Trump« zitierten Diplomaten, der vier Jahre an der US-Botschaft in Wien stationiert war, ist es Trumps Opposition gegen die jahrzehntelange militärische Intervention der USA im Ausland, die ihn motivierte, für ihn zu stimmen. »Trump wollte die Grand Old Party neu aufstellen«, sagt er. »Er rief dazu auf, der Kriegstreiberei ein Ende zu setzen, die zu einem Kennzeichen der beiden großen Parteien geworden war. Viele Republikaner der alten Garde hatten gedacht, mit Bomben könnten sie viel erreichen, und haben die USA zu leichtfertig in entfernte Konflikte verwickelt, deren Komplexität sie kaum verstanden.« Tuttle diente als 20-jähriger Rekrut in Vietnam. »Meine Unterstützung für im Ausland kämpfende Amerikaner war instinktiv«, sagt Gene Tuttle. Der Irakkrieg, den er die Inszenierung einer Katastrophe nennt, sei dann der Beginn seiner »grundlegenden Neubewertung der Rolle Washingtons in der Welt« gewesen.

Wenn Donald Trump sich damit brüstet, der Präsident zu sein, der keine Kriege begonnen hat, dann muss man ihm recht geben. Seine Außenpolitik war aber, milde gesagt, ungewöhnlich. Verbündeten in Europa stellte er die Rute ins Fenster, Autokraten hofierte er, und seine Unberechenbarkeit versuchte er als Atout einzusetzen. Nicht alle sehen seine Außenpolitik als so erfolgreich an wie er selbst. Viele haben Angst, dass eine zweite Amtszeit zur völligen Abwendung von der internationalen Bühne, zur Isolation der Vereinigten Staaten führen könnte. Doch Außenpolitik hatte im Wahlkampf in den USA immer schon einen geringen Stellenwert.

Zurück zur Innenpolitik: Der Sturm auf das Kapitol – ein Sturm im Wasserglas? Hört man Republikanern zu, könnte man fast meinen, das sei es gewesen. War alles nicht so schlimm, klingt bei meinen Gesprächspartnern durch. Es ist eine Mischung aus Verharmlosung, Ausweichen und – oft holprigen – Vergleichen: Das Gerede vom Umsturz sei maßlos übertrieben. »Was ist schon passiert?«, höre ich immer wieder, wenn ich mit Republikanern spreche. Die Anklage gegen Donald Trump sei politisch motiviert.

John Trandem, der Vizevorsitzende der Republikanischen Partei von North Dakota, meint, hier werde mit zweierlei Maß gemessen: »Der 6. Jänner wird von der Linken als willkommene Gelegenheit gesehen, Trump und die Republikaner zu verurteilen, während Ähnliches auf linker Seite toleriert wird. Wer behauptet, Donald Trump habe Aktivisten angeleitet, das Kapitol zu stürmen, könnte genauso gut behaupten, linke Führungspersönlichkeiten hätten Aktivisten der Black-Lives-Matter-Bewegung angeleitet, zu plündern oder zu brandschatzen. Wenn wir nicht dieselben Standards für Linke anwenden, die Aktivisten nicht gestoppt haben, die für Millionen- und Milliardenschäden an Privatbesitz verantwortlich sind, haben alle gleich viel Schuld.«

Und doch, für manche war der 6. Jänner 2021 ein Wendepunkt. Auch für meinen Freund Michael, den Finanzmanager. Zwei Mal hat er Trump gewählt. Nach dem 6. Jänner wird er es nicht mehr tun. »I am disgusted – er ekelt mich an«, sagt Michael. Trump hat für ihn seinen wahren Charakter gezeigt, ein Mann, der nur an sich selbst interessiert ist, den das Wohl des Landes nicht kümmert. Trump ist für ihn Geschichte. Er wird am 5. November 2024 allerdings auch nicht die Demokraten wählen, das wäre nicht in seiner politischen DNA. Zur Wahl gehen wird er schon, aber er wird Nikki Haley als seine Kandidatin auf den Wahlzettel schreiben, auch wenn sie bei dieser Wahl gar nicht antritt.

Trevor Traina sagte schon knapp nach dem 6. Jänner 2021 in einem Interview: »Ich denke, dass die Ereignisse tragisch und zutiefst bedauerlich waren. Aber wir hatten konstitutionelle Probleme in der Vergangenheit, werden sie in Zukunft haben. Entscheidend ist, dass das System funktioniert.« Die Checks and Balances, die gegenseitigen Kontrollen von Präsident, Kongress und Gerichtsbarkeit, die die Verfassung vorsieht, haben jedenfalls gehalten. Oder gerade noch gehalten, wie manche sagen.

TRUMPS DOMINANZ
BEI DEN REPUBLIKANERN

Ein paar Blocks vom Weißen Haus entfernt, an der 12. Straße,
in einem der typischen Innenstadtgebäude der Hauptstadt,
trifft sich jeden Mittwoch eine Gruppe von Republikanern
zu Kaffee und Doughnuts. »Americans for Tax Reform –
Amerikaner für Steuerreform« nennt sich diese Gruppe.
Mit Steuerreform ist Steuersenkung gemeint. Sie ist eine
der vielen Gruppierungen, aus denen sich die Grand Old
Party, wie die Republikaner auch genannt werden, zu-
sammensetzt, und weit einflussreicher, als das bescheidene
Büro suggeriert. Die Mittwochsrunde ist »by invitation
only«, nur wer eingeladen ist oder von einem Mitglied
eingeführt wird, kommt hinein. Die Gruppe besteht seit
Mitte der 1990er-Jahre.

Die Zehn-Uhr-Kaffeerunde ist eine Art offenes Forum:
drei Minuten Redezeit, um das für eineinhalb Stunden an-
beraumte Meeting dynamisch zu halten. »Werden Sie heute
reden?«, fragt mich denn auch die Rezeptionistin, als ich an
einem Mittwoch im März 2024 eintreffe. Selbstverständlich
werde ich nicht reden. Ich verdanke meine Anwesenheit

einem Journalistenkollegen, der in der Republikanischen Partei bestens vernetzt ist, und bin lediglich Gast.

Ein bisschen gestrig wirkt die Runde: Es sind fast ausschließlich weiße ältere Männer, ein paar jüngere Männer sind darunter, zwei Schwarze und gezählte drei Frauen. Fünfzig Personen sind an diesem regnerischen Märztag physisch anwesend, mehr sind online dabei.

Hinter der Mittwochsrunde steht *ein* Mann: Grover Norquist. Er ist republikanisches Urgestein. Er zieht im Hintergrund die Fäden, spielt sich nie in den Vordergrund. Das Magazin *Der Spiegel* nannte ihn seinerzeit den gefährlichsten Gegner von Präsident Barack Obama. Einflussreich ist Grover Norquist auch heute noch.

Bereitwillig gibt er mir ein Interview, nimmt sich Zeit, spult ab, was er schon hundertfach gesagt hat. Er sieht sich selbst als klassischen Republikaner, dem vor allem eines wichtig ist: »small government«, ein Staat, der seinen Bürgern und Bürgerinnen die Freiheit lässt, selbst zu entscheiden, und der sie nicht bevormundet. Kapitalismus ist für ihn ein anderes Wort für Freiheit. Dazu gehören eben niedrige Steuern. Das ist es, worauf es ankommt. Donald Trump hat Unternehmenssteuern gesenkt, wie lange vor ihm, in den 1980er-Jahren, Ronald Reagan, der populärste Präsident der modernen Republikanischen Partei. Kritiker sehen Donald Trump als den Mann, der das Erbe Ronald Reagans zerstört, Grover Norquist sieht ihn als direkten Nachfolger Reagans. Beide haben Koalitionen unterschiedlicher Gruppen innerhalb der Republikaner geschmiedet. Beide stehen für den Grundsatz: möglichst wenig Staat, möglichst viel Eigeninitiative. »Leave Us Alone: Getting the Government's Hands Off Our Money, Our Guns, Our Lives – Lasst uns in Ruhe: Der Staat soll seine Finger von unserem Geld, unseren Waffen, unserem Leben lassen« ist auch der Titel des Buches, das Norquist 2008 verfasst hat – und mir gleich zur Lektüre in die Hand drückt.

»Die moderne Republikanische Partei ist eine Koalition unterschiedlicher Gruppen mit unterschiedlichen Agenden. Alle sitzen wir an einem Tisch: die, die für weniger Steuern eintreten, die, die für Homeschooling sind, die, die für Privatschulen eintreten und die Entscheidungen für ihre Kinder selbst treffen und nicht der Regierung überlassen wollen, meinetwegen bis hin zur Motorradlobby derer, die keine Helme tragen wollen. Trump ist einfach ein weniger populärer Ronald Reagan. Er lässt den Menschen ihre Waffen, er tritt für die Freiheit der Religion ein, für eine freie Wahl der Schule. Seine Positionen sind schärfer als die Ronald Reagans. Aber das Land ist bereit dafür.«

Ganz wichtig ist für Grover Norquist, neben massiven Steuersenkungen: Trump hat eine Vielzahl von konservativen Richtern bestellt, mehr als Reagan in seiner Amtszeit in den 1980er-Jahren. »Zugegeben, in Temperament und Tonart sind die beiden völlig konträr. Manche Republikaner mögen Trump deshalb nicht, aber mit seiner Politik haben sie keine Probleme. Selbst diejenigen, die in den Vorwahlen für Nikki Haley gestimmt haben, ihn nicht ausstehen können oder glauben, dass er zu viele Prozesse am Hals hat, haben null Probleme mit seiner Politik.«

Grover Norquists Lob für Donald Trump mag nicht von allen Republikanern geteilt werden, doch fest steht: Die große Mehrheit der Republikaner steht wie Norquist hinter ihm. Trump war der richtige Mann zur richtigen Zeit, als er 2015 die politische Bühne betrat, so der einhellige Tenor.

»Es gibt niemanden, der den Status quo besser repräsentiert hat«, so sieht es auch der Diplomat Gene Tuttle. »Er hat etwas total Neues repräsentiert. In seinem Auftreten ist er grob, ja, aber er hat vielen das Gefühl gegeben, die Wahrheit zu sagen.«

Die Partei war von internen Kämpfen zerrüttet, moderate Republikaner standen dem rechtspopulistischen, sehr lauten Flügel der Tea Party gegenüber. Die Partei war orientierungslos. Die Basis hatte sich von der politischen Elite entfremdet. McKay Coppins, der Biograf des glücklosen Präsidentschaftskandidaten von 2012, Mitt Romney, beschreibt es im Magazin *The Atlantic* so: »Die Republikanische Partei von 2015 stand einer feindlichen Übernahme durch jemanden wie Donald Trump wehrlos gegenüber. Jahre der internen Kämpfe und unklare Ideologien hatten sie zerrüttet, die Basis und die politische Klasse hatten nichts mehr gemein, in der Grand Old Party war ein Machtvakuum entstanden.«

Trumps Macht in der Republikanischen Partei

Dieses Machtvakuum nutzte Donald Trump: Er gab vor, die Wut des sprichwörtlichen »kleinen Mannes« zu verstehen, sprach die Sprache der einfachen Menschen, gab sich als einer der ihren aus. Sogar das Narrativ vom Selfmademan nahm man ihm, der mit dem »kleinen Kredit von einer Million Dollar« seines Vaters sein Business aufgebaut hatte, ab. Wichtig war: Er verachtete die politische Elite in Washington. »Draining the swamp – den Sumpf in Washington trockenlegen« war und ist sein Motto. Es ist ein Satz, den ich von republikanischen Wählern und Wählerinnen unterschiedlichster Prägung während meiner Reisen durch die Bundesstaaten immer wieder hörte.

Die *New York Times*-Journalistin Maggie Haberman hat Trump während seiner politischen Laufbahn von Anfang begleitet und genau beobachtet. In ihrem Buch »Confidence Man: The Making of Donald Trump and the Breaking of America – Täuschung: Der Aufstieg Donald Trumps und der Untergang Amerikas« beschreibt sie, mit wie viel Geschick er es geschafft hat, die mediale Aufmerksamkeit auf sich zu lenken und ständig in den Medien präsent zu sein. »Er hat die Fähigkeit, aus dem Nichts heraus Schlagzeilen zu generieren. Er redet über alles, provoziert und schafft Konflikte, regt sich dann über die Berichterstattung darüber auf – und nützt das wieder für sich selbst. Jedes Mal, wenn Trump im Rampenlicht steht, heißt das, die Scheinwerfer sind auf ihn gerichtet, nicht auf die anderen Kandidaten.«

Überzeugter Republikaner war und ist Donald Trump keiner. Er flirtete zwar schon 1988 mit einer Kandidatur bei den Republikanern, schwenkte dann aber zu den Demokraten um, unterstützte die Demokratische Partei mit Geldspenden. Er demonstrierte öffentlich seine Freundschaft mit Bill und Hillary Clinton, die beiden Clintons waren Gäste bei Trumps pompöser Hochzeit mit Melania Knauss in Mar-a-Lago im Jahr 2005. Als Barack Obama 2008 zum Präsidenten gewählt wurde, wechselte Trump wieder auf die Seite der Republikaner. Barack Obama war vielen im konservativen Lager verhasst, ein Schwarzer als Präsident war suspekt, Obamacare – seine Krankenversicherung für alle – war zu »sozialistisch«. Viele hatten mit der Wirtschaftskrise Ende der Nullerjahre finanzielle Verluste hinnehmen müssen, vom Aufschwung war an der Basis, in der Arbeiterschicht und der Mittelklasse, nicht viel zu spüren, obwohl die USA die Krise weit schneller überwinden konnten als der Rest der Welt. Die Basis der Republikanischen Partei war vom Establishment in Washington enttäuscht. Trump konnte die Unzufriedenheit eines Teils der republikanischen Wähler und Wählerinnen für sich nutzen. Er war reich, er war berühmt, er hatte Charisma, auch das kam bei der Basis gut an. Aber vor allem: Er versprach, sich für die einfachen Leute einzusetzen. Er konnte in den Wahlkampfjahren 2015/2016 nichts falsch machen. Selbst wenn er sich abschätzig über Rivalen in der Partei äußerte und untergriffig wurde, wurde ihm das verziehen.

Donald Trump hat die Republikanische Partei gekapert, das ist die gängige Analyse in Washington. Mit viel Geschick hat er die Mehrheit der Republikaner im Kongress auf seine Seite gezogen oder gefügig gemacht. Die einen stehen aus Überzeugung hinter ihm, die anderen, weil es opportun ist, weil sie erkannt haben, dass sie ohne seine Unterstützung eine Vorwahl in ihren Heimatwahlkreisen nicht gewinnen können. Trumps Basis, 30 oder 40 Prozent der Republikaner, stehen in den republikanisch dominierten Bundesstaaten felsenfest zu ihm. Und ohne diese Basis ist es einfach schwer, zu gewinnen.

Bei den Kongresswahlen 2022 schafften einige Republikaner ohne Trumps Unterstützung den Einzug in den Kongress. Doch das war, bevor Trump ankündigte, wieder antreten zu wollen, bevor klar wurde, dass zwei Amtsenthebungsverfahren und der Sturm auf das Kapitol seinem Glanz nur wenig anhaben konnten. In den Präsidentschaftsvorwahlen hatte kein Gegenkandidat, keine Gegenkandidatin eine Chance. Ohne an nur einer einzigen Vorwahldebatte teilgenommen zu haben, dominierte er den Vorwahlkampf. Spätestens nach dem Super Tuesday, an dem 16 Bundesstaaten ihre Vorwahlen abhielten, war klar: Donald Trump war der Durchmarsch zur neuerlichen Präsidentschaftskandidatur gelungen.

Wie viel Macht er hat, bewies Donald Trump, als er im Februar 2024 einen Gesetzesvorschlag zu Fall brachte, den Republikaner und Demokraten in seltener Eintracht erarbeitet hatten. Das Gesetz hätte dringend benötigte Militärhilfe für die Ukraine und eine – ebenso dringend benötigte – Einwanderungsreform gebracht. Republikaner und Demokraten hatten einen Kompromiss gefunden und sich geeinigt, was in den letzten Jahren in Washington Seltenheitswert hatte. Die Republikaner hatten darauf bestanden, strikte Einwanderungsgesetze mit der Ukrainehilfe zu verknüpfen. Die Demokraten stimmten zu. Doch Trump schwenkte um, zitierte die Republikaner im Kongress zu sich nach Mar-a-Lago, das Projekt wurde gekillt. Trumps Motive waren durchsichtig: Eine Einwanderungsreform hätte womöglich positiv auf den amtierenden Präsidenten abgefärbt, und Trump wollte Biden im Wahljahr keinen Sieg zugestehen. Biden sollte der Makel vom »Chaos an der Grenze« anhaften. Ein Ukraine-Hilfspaket in der Höhe von 60 Milliarden Dollar wurde schließlich im April verabschiedet – aber eben ohne den Zusatz einer Einwanderungsreform.

Ein Präsident, der die Wahl gewonnen hat, ist der Chef der Partei, das ist das Prinzip des amerikanischen Parteiensystems. Die eigentliche »Parteiführung«, wenn man sie so bezeichnen will, das RNC, das Republican National Committee, ist ein administratives Organ, mehr nicht. Der

Präsident gibt den Ton an. Er ist das Programm. Donald Trump hat im März 2024 sichergestellt, dass auch das RNC voll und ganz auf ihn hört. Er hat ein neues Führungsduo installiert: Es sind dies Michael Whatley, ein loyaler Trump-Anhänger, und seine Schwiegertochter Lara Trump. Er hat damit volle Kontrolle über das Programm und die Geldtöpfe der Partei.

Selbst die Parteigranden, die nach dem 6. Jänner 2021, nach dem Sturm auf das Kapitol, Trump dafür eine Mitverantwortung gaben, haben sich inzwischen mit ihm arrangiert. Der Grund: Eine Spaltung wäre das Ende der Republikanischen Partei in ihrer herkömmlichen Form. Lindsey Graham, in den Medien omnipräsenter Senator aus South Carolina, hat es in einem Interview mit *Fox News* auf den Punkt gebracht: »Es wäre verheerend für die Republikanische Partei, wenn sie nicht erkennen wollte, dass Donald Trump die populärste Person in der Partei ist. Wenn wir ihn vertreiben wollten, nähme er die halbe Partei mit. Das wäre das Ende der Partei, wie wir sie kennen.« Senator Graham ist einer jener, die es verstehen, ihre Meinung der herrschenden Linie anzupassen. Im Wahlkampf 2016 hat sein Standpunkt noch radikal anders geklungen: »Wenn wir Trump nominieren, zerstören wir uns selbst«, twitterte er damals.

Die Angst vor dem Zerfall ist der Kitt, der die Republikanische Partei zusammenhält. Donald Trump *ist* die Republikanische Partei – da sind sich so ziemlich alle politischen Beobachter einig, ob sie jetzt eher links oder eher rechts stehen. Viele hatten es nach dem 6. Jänner 2021 für unmöglich gehalten, doch er hat die Republikanische Partei wieder fest im Griff.

Die Anti-Trumper

Es gibt sie, die Anti-Trumper in der Partei, doch nur wenige deklarieren sich öffentlich als solche: Einer davon ist Chris Christie, Ex-Gouverneur von New Jersey und glückloser Präsidentschaftskandidat 2024. Christie war einst Trump-Unterstützer, inzwischen ist er ein erbitterter Trump-Gegner. »Er ist nicht Voldemort!«, diesen Satz wirft er im Vorwahlkampf zur Wahl 2024 seinen Mitbewerbern an den Kopf. »Er ist nicht der, dessen Name nicht genannt werden darf.« (Für die, die keine Harry-Potter-Fans sind: Voldemort ist in den Romanen von Joanne K. Rowling der Bösewicht und Gegenspieler von Harry Potter, er ist der, dessen Name nicht ausgesprochen werden darf.) Im Klartext: Warum traut sich niemand, gegen Trump öffentlich Stellung zu beziehen? Christie war im sich lichtenden Feld der republikanischen Kandidaten 2024 der Einzige, der vehement gegen Trump wetterte. Alle anderen kritisierten Trump vorsichtig, ohne ihn voll zu attackieren, und oft ohne seinen Namen zu nennen. Seine deklarierte Gegenposition hat Chris Christie in der Partei ins Abseits gedrängt, ins Camp der Anti-Trumper.

Ein anderer Republikaner, der Parteigeschichte geschrieben hat, hat seit Anfang 2024 seine eigene Frühstücks-TV-Show. Nicht etwa, wie man meinen könnte, bei einem konservativen TV-Sender, sondern beim deklariert linken Sender MSNBC. Michael Steele war bis 2011 Vorsitzender des RNC, des Republican National Committee: Er war der erste Afroamerikaner in dieser Funktion. Davor war er Vizegouverneur von Maryland, auch in dieser Funktion der erste Schwarze in einem Regierungsamt im Bundesstaat Maryland. Michael Steele hat eine spannende Biografie: Nach seinem Abschluss an der renommierten Johns Hopkins University trat er dem Augustinerorden bei, wollte Priester werden. Er entschloss sich dann aber, in die Politik zu gehen, machte Karriere in der Republikanischen Partei. Heute ist er Aktivist und vehementer Trump-Gegner. »Ich bin und bleibe Republikaner«, wiederholt er freilich bei jeder Gelegenheit. Wenn es um Donald Trump geht, nimmt er kein Blatt vor den Mund. »Put his ass in jail – steckt seinen A… ins Gefängnis«, kommt ihm schon mal über die Lippen. Für ihn ist Donald Trump der Mann, der die Republikanische Partei zerstört hat.

Michael Steele ist ein begnadeter Kommunikator und Kommentator – ihm gehe es um die Seele der Partei, sagt er. Er beschreibt sich als Lincoln-Republikaner, beruft sich auf die Gründung der Partei, die hinter der Abschaffung der Sklaverei stand. »Ich bin ein glühender Unterstützer der Bürgerrechte, mir geht es um die in der Verfassung festgeschriebenen Freiheitsrechte, mir geht es um eine begrenzte Rolle des Staates im täglichen Leben der Menschen, um freie Marktwirtschaft, Unternehmertum, Kapitalismus – gekoppelt mit sozialer Sicherheit«, sagt er in einem Interview mit dem *Tagesspiegel*. Als Donald Trump bei einer Kundgebung in Richmond im März 2024 erklärt, seine MAGA-Bewegung repräsentiere 96 oder 100 Prozent der Republikaner, fordert Michael Steele ihn via TV heraus: »Game on Trump – Lass das Spiel beginnen. Ich bin seit 1976 Mitglied dieser Partei. Wenn einer ein RINO, ein ›Republican in Name Only‹, ist, dann bist du es. Du bist zu weit gegangen.«

Rhetorisch ist Michael Steele stark, aber dass er mit seinen Kommentaren Trumps Erfolg in der Partei dämpfen kann, ist Illusion. Doch er kann wortgewaltig zeigen, dass es in der Partei Widerstand gibt. Michael Steele predigt auf MSNBC, dem progressiven, den Trumpern verhassten Sender. Seher von *Fox News* – und damit Trump-Wähler – erreicht er dort nicht. Er riskiert damit eher, dass man sich im rechten Medienspektrum über ihn lustig macht.

Adam Kinzinger ist einer der wenigen Republikaner im Kongress, die im zweiten Impeachment-Prozess im Februar 2021 für eine Amtsenthebung Donald Trumps gestimmt haben. Er und seine Parteikollegin Liz Cheney waren die einzigen Republikaner, die am Untersuchungsausschuss des Kongresses zum Sturm auf das Kapitol am 6. Jänner 2021 teilnahmen. Verrat an der Demokratie werfen sie Donald Trump vor. Wer entgegen aller Fakten behaupte, er habe die Wahl gewonnen, und die Regeln der Demokratie missachte, zu denen es gehört, eine Wahlniederlage zu akzeptieren, sei kein Demokrat. »Es ist nicht leicht, sich gegen die eigene Partei zu stellen. Aber ich bin froh, dass ich es getan habe«, sagt Adam Kinzinger in seinem Blog auf der Internetplattform *Substack*, auf der er jetzt publiziert. Angefeindet wird der ehemalige Air-Force-Pilot, der in Afghanistan und im Irak im Einsatz war, überall. Einer seiner Co-Piloten, mit dem er Einsätze flog, sagt heute, er schäme sich, mit ihm im Cockpit gesessen zu haben, erzählt Kinzinger.

Adam Kinzinger war bis 2023 Kongressabgeordneter, gehört zu den Moderaten in seiner Partei, trat bei den letzten Kongresswahlen 2022 aber nicht mehr an. Er ist seither fixer Kommentator bei CNN. Er sieht sich als einer der letzten Aufrichtigen in der Partei: »Wir sind auf einer Insel, müssen uns nach allen Seiten verteidigen. Viele sitzen in einem Boot vor der Küste, schauen uns zu, aber sind zu

feige, um zu uns zu rudern«, beklagt er sich auf *Substack.*
Kinzinger sieht sich immer noch als Republikaner, sagt
allerdings, er werde 2024 nicht für die Republikaner
stimmen. »Es ist eine simple Frage von Demokratie, ja
oder nein. Die Republikanische Partei gleitet in Richtung
Autoritarismus.«

Die Moderaten

Kein offener Widerstand zu Donald Trump, aber auch keine
unerschütterliche Loyalität ihm gegenüber: Im moderaten
Flügel der Partei gibt es einige Kongressmitglieder, die sich
in der heutigen Republikanischen Partei schwertun, aber
tief in der Partei verankert sind. Susan Collins, langjährige
Senatorin des Bundesstaates Maine, ist eine jener Stimmen,
die heute nur selten gehört werden. »Ich gehöre einer aus-
sterbenden Klasse an«, sagt sie, »ich gehöre zu der kleinen
Minderheit von Senatoren und Abgeordneten, die bereit
sind, über Parteigrenzen hinweg an einer Lösung zu arbeiten, die bereit sind, einen Kompromiss zu suchen, und wenn
sie ihn finden, eine Lösung zu präsentieren.«
Susan Collins lernte ich 2019, im letzten Wahlkampf,
kennen. Ich war zu einer kleinen, aber feinen Runde in
einem Privathaus in Bethesda, einer wohlhabenden Vorstadt
von Washington, eingeladen. Ein republikanischer Aktivist
hatte seine repräsentative Villa geöffnet, um Kandidaten
und Kandidatinnen, die zur Wiederwahl im Kongress standen oder neu in den Kongress einziehen wollten, in kleinem
Kreis vorzustellen. Auch solche, die nicht zur Ausrichtung
passten, die Donald Trump der Partei gegeben hatte. Ge-

schätzte 30 Washingtonians waren anwesend, mit mir zwei andere Journalisten, eine Kollegin der *Deutschen Welle* und ein Kollege des konservativen US-Senders *Newsmax*. Vor dem offenen Kamin erzählte Susan Collins freimütig: Ihr Auto sei eines Morgens in Flammen aufgegangen – Autos tun das normalerweise nicht ohne fremdes Zutun, fügte sie trocken hinzu. Jemand habe es auf sie abgesehen gehabt. Sie könne es nicht beweisen, aber könne sich vorstellen, dass es aus Kreisen kam, die mit ihrer Politik nicht einverstanden waren. Möglicherweise hatte es damit zu tun, dass sie im Senatshearing für den von Trump nominierten, heftig umstrittenen Brett Kavanaugh als Höchstrichter gestimmt hatte. Sie habe es sich nicht leicht gemacht, erzählte sie, hatte sich durch von Kavanaugh verfasste Urteile durchgeackert, habe mit sich gerungen, und ihm schließlich doch ihre Stimme gegeben. Ihr Büro erhielt Anrufe mit wüsten Beschimpfungen. Eine ihrer jungen Mitarbeiterinnen habe weinend gekündigt: Ein Anrufer hatte wütend erklärt, er wünsche ihr, dass sie auf dem Heimweg vergewaltigt werde. Einen Job in Washington, als Mitarbeiterin einer Senatorin, hatte die junge Frau sich anders vorgestellt.

Ganz gegen die Trump-Partei wollte Susan Collins sich in ihrem Wahlkampf nicht stellen, volle Loyalität wollte sie Trump aber auch nicht zugestehen. Angefeindet wurde sie von beiden Seiten, von jenen, die sie kritisierten, weil sie sich nicht vollständig von Trump gelöst hatte, und von jenen, die sie kritisierten, weil sie sich nicht voll und ganz hinter Trump gestellt hatte. Behaupten konnte Susan Collins sich trotzdem, sie verteidigte 2020 ihren Senatssitz erfolgreich.

Was die moderate Susan Collins mit offen bekennenden Anti-Trumpern gemeinsam hat: Sie sind in der Republikanischen Partei selten geworden. Ihre Stimmen haben kein Gewicht. Was unter Donald Trump zählt, ist absolute Loyalität. In einer durch Grabenkämpfe geschwächten Partei hat er es geschickt verstanden, dieser Partei seinen Stempel aufzudrücken. Donald Trump *ist* die Partei.

WIE GEFÄHRDET IST DIE DEMOKRATIE?

Norma Anderson ist 91 Jahre alt, graue Kurzhaarfrisur, adrett gekleidet – so, wie man sich eine nette Großmutter vorstellt. Sie mag wie eine liebenswürdige alte Dame aussehen, doch Norma Anderson hat einen harten Kern. Das »unlikely face of resistance – das Gesicht des Widerstands«, hat die *Washington Post* sie genannt.

Norma Anderson ist eine republikanische Politikerin mit vielen »Firsts«: 1986 zog sie als erste Frau ins Repräsentantenhaus des Bundesstaates Colorado ein. Sie war die erste Frau, die die Topposition in beiden Häusern des Parlaments von Colorado bekleidete. Sie ist stolz, dass viele der Anliegen, für die sie gekämpft hat, heute Gesetz in Colorado sind. Bei den Wahlen 2016 und 2020 stimmte sie für unabhängige Kandidaten. 2018 trat sie aus der Partei aus – wegen Donald Trump. Drei Jahre später trat sie wieder ein – um als Stimme in der Partei gehört zu werden. »Donald Trump will nicht akzeptieren, dass er die Wahl verloren hat. Als ich zum ersten Mal zu einer Wahl angetreten bin, habe ich auch nicht gewonnen. Aber ich habe nicht versucht, die

Wahl anzufechten. Ich habe mir gesagt: Du musst besser werden«, erklärt sie in einem Interview in der *Washington Post*. Donald Trump verachtet sie nicht nur als Menschen, sie sieht ihn als Gefahr. »Ich glaube, die jüngere Generation versteht nicht, wie nah wir dran sind, unsere Demokratie zu verlieren.«

Norma Anderson trägt stets eine Miniaturausgabe der amerikanischen Verfassung in ihrer Handtasche. Sie kennt diese Verfassung wie kaum jemand anderer, liest oft nach. Donald Trump ist der Mann, den sie nicht noch einmal im Weißen Haus sehen will. Also reichte sie Klage ein, wollte ihn von der Wahlliste in Colorado streichen lassen. Sie kannte den bis vor Kurzem unbeachteten 14. Verfassungszusatz und stützte sich in ihrer Klage genau darauf. Er stammt aus dem 19. Jahrhundert, wurde drei Jahre nach dem Ende des Bürgerkriegs im Jahr 1868 erlassen. Abschnitt drei schließt jeden von einem politischen Amt aus, der sich an einem Aufstand oder einer Rebellion gegen die Verfassung beteiligt hat, nachdem er einen Eid auf sie geschworen hat. Die Klausel zielte ursprünglich darauf, frühere Amtsträger der Konföderierten, der unterlegenen Südstaaten, daran zu hindern, ein Amt zu bekleiden.

Wir wissen, wie die Sache ausgegangen ist: Das Oberste Gericht Colorados entschied zwar im Dezember 2023, dass Trump aufgrund seiner Rolle beim Sturm auf das Kapitol am 6. Jänner 2021 nicht für das Präsidentenamt kandidieren dürfe, ein paar Monate später hob der Oberste Gerichtshof das Urteil aber wieder auf. Damit war klar: Auch andere Bundesstaaten, die Trump von der Kandidatenliste streichen wollten, hatten keine Chance. Norma Anderson wird nicht in die Geschichte eingehen. Doch sie steht für alle jene Amerikaner und Amerikanerinnen, die fürchten, dass Donald Trump die Demokratie zerstören will.

»Wir schlafwandeln in eine Diktatur«, sagt Liz Cheney, einst die Nummer drei der Republikaner, inzwischen aus der Politik ausgeschieden und zur Persona non grata in der Trump-Partei geworden. Trumper nennen sie verächtlich RINO (Republican in Name Only).

Mit einem Beitrag in der *Washington Post* im November 2023 rüttelte auch Robert Kagan auf. Kagan ist einer der bekanntesten neokonservativen Intellektuellen, der schon für Regierungen beider Couleurs gearbeitet hat. Seine Frau ist Diplomatin, sie wurde als Kandidatin für den Job der Außenministerin unter der erfolglosen demokratischen Präsidentschaftskandidatin Hillary Clinton gehandelt. »Eine Trump-Diktatur wird immer wahrscheinlicher«, schreibt Kagan. »Wir sollten uns nichts vormachen.« Kagan zeichnet ein mehr als düsteres Bild von einem Donald Trump, der nur darauf aus ist, Rache zu nehmen, der das Justizsystem, das ihm seiner Meinung nach übel mitgespielt hat, aushebeln will, der das Beamtentum, das er in seiner ersten Amtszeit nicht kontrollieren konnte, durch stramm loyales Personal ersetzen will, der die Verfassung zu seinen Gunsten ändern könnte. Robert Kagan schreckt auch nicht davor zurück, Trump mit Hitler zu vergleichen. »Wer soll ihn stoppen?«, fragt er. »Die Vereinigten Staaten sind vielleicht nur ein paar Schritte von einer Diktatur entfernt.«

Man kann das als krass überzeichnetes Bild sehen, als einen Versuch, abzuschrecken. Man kann es aber auch als tiefe Sorge um den Zustand der Demokratie in Amerika sehen. Oder völlig vom Tisch wischen, wie die meisten Republikaner.

Diktator für einen Tag

Berühmt-berüchtigt ist inzwischen Donald Trumps Ausspruch, er werde nur Diktator für einen Tag sein. Gefallen ist dieser Satz bei einer vom Sender *Fox News* organisierten Bürgerversammlung in Davenport in Iowa im Dezember 2023. Der *Fox News*-Starmoderator Sean Hannity, der die Versammlung moderierte, fragte Trump, fast nebenbei, ob man davon ausgehen könne, dass er kein Diktator sein werde: »No, no, no – other than Day One! – Nein, nur am ersten Tag«, erwiderte Trump. »We are closing the border and we will drill, drill, drill. After that I'm not a dictator. – Wir werden die Grenze schließen und (nach Öl) bohren, was das Zeug hält. Am Tag danach werde ich kein Diktator mehr sein.« Und: Nein, er werde seine Befugnisse als Präsident nicht dazu nutzen, um an Gegnern Vergeltung zu üben.

Die Medien überschlugen sich in ihren Schlagzeilen – unterschiedlich je nach politischer Zuordnung: »Trump wird am ersten Tag ein Diktator sein«, war die Headline des linken Senders MSNBC, »Ich werde nach dem ersten Tag kein Diktator sein« die Headline von *Fox News*.

Trump sagte seinen inzwischen weltbekannten Satz schelmisch – die Zuhörer waren belustigt, Hannity lachte, Trump lachte. Als Scherz kam es bei seinen Anhängern an. Das bestätigt mir so gut wie jeder Trump-Wähler: Nur nicht jedes Wort ernst nehmen. Auch Gene Tuttle, der amerikanische Diplomat und Trump-Unterstützer, sagt: »He shoots his mouth off«, er sage das so dahin. »Die Vorstellung, dass Trump seine Worte sorgfältig wählt, ist ein Oxymoron«, ein Widerspruch in sich.

Scharf ins Gericht mit ihrem früheren Boss geht auch eine ehemalige Mitarbeiterin Trumps im Weißen Haus. Sie kennt ihn nach Jahren der intensiven Zusammenarbeit gut. Alyssa Farah Griffin, aus konservativer Familie stammend und wie fast alle Frauen, mit denen sich Trump umgibt, jung und telegen, leitete die Kommunikationsabteilung im Weißen Haus, war davor Pressesprecherin von Vizepräsident Mike Pence und Pressesprecherin im Verteidigungsministerium, die jüngste übrigens in der Geschichte des Pentagon. Ende 2020, also knapp vor dem Ende von Trumps Amtszeit, verließ sie das Weiße Haus – immer mehr entfremdet von Donald Trump. Die rote Linie überschritt er für sie mit der durch keinerlei Fakten belegten Behauptung, er sei der Sieger der Wahl 2020 und nicht Joe Biden.

»Eine zweite Amtszeit könnte das Ende der Demokratie, wie wir sie kennen, sein«, sagt sie. »Ich sage das nicht leichthin. Trump ist bereit, jede Barriere zu durchbrechen, um an die Macht zu kommen und an der Macht zu bleiben. Ich habe Angst, dass er mit allen Mitteln gegen seine Gegner vorgehen wird. Ich habe noch nie die Demokraten gewählt, aber ich könnte gegen meine innere Überzeugung 2024 demokratisch wählen.« Gemeinsam mit zwei anderen Ex-Mitarbeiterinnen im Weißen Haus, der früheren stellvertretenden Pressesprecherin Sarah Matthews und Cassidy Hutchison, bis 2021 Assistentin von Mark Meadows, dem Stabschef im Weißen Haus, saß sie im Studio des TV-Senders ABC für ein denkwürdiges Interview, als sie das sagte: Drei junge Frauen, die mit Trump gearbeitet hatten, die wissen, wie er denkt und agiert, hatten sich entschlossen, gemeinsam aufzutreten und vor Trump zu warnen. Donald Trump sei der »gefährlichste Politiker

meiner Zeit«, so schätzt ihn seine frühere Kommunikations-
chefin heute ein.

Alyssa Farah Griffin wurde angefeindet, doch ihrer Karriere tat das keinen Abbruch. Im Gegenteil: Sie startete durch,
als sie sich von Trump lossagte. Sie ist heute eine der Mode-
ratorinnen der quotenstarken ABC-Talkshow *The View*, in
der regelmäßig Präsidentschaftskandidaten zu den Gästen
zählen, sie ist auch politische Kommentatorin für CNN und
hat an der Georgetown University in Washington Seminare
abgehalten. Sie, die einstige konservative Trump-Verteidigerin, ist zum Liebkind der liberalen Elite geworden.

Cassidy Hutchison, die als Assistentin des Stabschefs
und Augenzeugin im Weißen Haus den Sturm auf das
Kapitol miterlebt hatte, gab in stundenlangen Hearings
im Untersuchungsausschuss zum 6. Jänner 2021 Explosives
von sich. Sie schilderte Trumps Wutausbrüche. In Erinnerung
ist vor allem ihre Aussage, dass Trump wutentbrannt seinen
Teller samt Ketchup an die Wand des Dining Rooms im
Weißen Haus schleuderte, als sein Justizminister William
Barr öffentlich erklärte, er sehe keine Beweise für Wahlbetrug. Cassidy Hutchison wurde nicht nur angefeindet,
sie erhielt massive Drohungen und zog sich für lange Zeit
völlig aus der Öffentlichkeit zurück – bis sie 2023 ein Buch
über ihre Erfahrungen veröffentlichte.

Auch Alyssa Farah Griffin musste erfahren, was es heißt,
plötzlich zur Außenseiterin in der Trump-Partei geworden
zu sein. Ihr eigener Vater, ein strammer Republikaner, weigerte sich, zu ihrer Hochzeit zu kommen. Er hat seit dem
6. Jänner 2021 kein Wort mehr mit ihr gewechselt.

Der Sturm auf das Kapitol änderte die Meinung vieler
zu Donald Trump. Der 6. Jänner 2021 ist als einer der dun-

kelsten Tage in die Geschichte der USA eingegangen. Der Kongress kam an diesem Tag im Kapitol zusammen, um das Ergebnis der Präsidentschaftswahl zu bestätigen. In einer Rede vor dem Weißen Haus, wo Trump als Noch-Präsident residierte, forderte er seine Anhänger auf: »Stop the Steal – stoppt den Diebstahl.« Die Meute zog Richtung Kapitol, um diesen demokratischen Prozess zu stoppen, um zu verhindern, dass die angeblich gestohlene Wahl bestätigt wurde. »We fight like hell. And if you don't fight like hell we are not gonna have a country anymore! – Wenn wir nicht kämpfen, haben wir bald kein Land mehr«, stachelte Trump die Menge an. Trump wusste, dass unter seinen Anhängern auch Rechtsradikale wie die Proud Boys waren, bewaffnete rechtsextreme Anti-Regierungsmilizen wie die Oath Keepers oder Verschwörungstheoretiker wie QAnon-Anhänger.

Dass für ihn die Regeln der Demokratie nicht gelten, hatte Trump schon lange vor der Wahl angedeutet, als er schon im Sommer 2020, Monate vor der Wahl, erklärte, es könne sich nur um Wahlbetrug handeln, wenn er die Wahl nicht gewinnen sollte. In diesem Fall war es nicht Effekthascherei, er meinte tatsächlich, was er sagte.

»Man muss zwar nicht jedes Wort auf die Goldwaage legen, das macht ihn zu wichtig. Aber was darunterliegt, ist absolut ernst. Ein heiliges Prinzip der Demokratie, die ›peaceful transition‹, die friedliche Übergabe von einer Administration an die nächste, war für ihn kein heiliges Prinzip. Das ist extrem gefährlich.« So sieht es der ehemalige österreichische Botschafter in Washington und jetzige Präsident des Salzburg Global Seminars Martin Weiss.

Mängel im Wahlsystem

Trump wiederholte die Lüge von der gestohlenen Wahl immer wieder, sodass heute die Mehrzahl der Republikaner glaubt, Trump sei tatsächlich der Wahlsieger gewesen. Fragt man Trump-Anhänger, kommt immer das Argument, es sei so viel schiefgelaufen bei dieser Wahl. Es gebe viele Hinweise darauf, dass Wahlfälschung im Spiel gewesen sei. »Absolut«, behauptet Pam aus meiner Florida-Frauenrunde: »Wahllokale wurden zugesperrt, es gab Videos von Wahlurnen, die weggeräumt wurden. Ich kann gar nicht glauben, was da alles passiert ist.«

Selbst mein sehr besonnener und geschätzter konservativer Journalisten-Kollege John Gizzi sagt, als wir im Frühjahr 2024 wieder einmal in Washington zusammensitzen: »So manches, was da passiert ist, allen voran die Briefwahl in großem Ausmaß, hat vermutlich zu einigen falschen Zählungen geführt. Hat es am Ergebnis etwas geändert? Darüber mache ich mir keine Gedanken. Joe Biden ist Präsident. Ich glaube aber, das sollte in Zukunft strikter gehandhabt werden.«

Der frühere Botschafter Martin Weiss hingegen meint: »Jeder auch nur irgendwo objektive Beobachter kommt zur Konklusion: Biden hat diese Wahl gewonnen. Das System hat extreme Mängel. Aber aus diesen Mängeln konstruieren zu wollen, dass der Kandidat, der Verlierer war, gewonnen hat, geht sich nicht aus.«

Die Mängel im Wahlsystem sind jeden Wahltag aufs Neue zu beobachten. In manchen Bundesstaaten mehr als in anderen, denn Wahlen sind Bundesstaatensache. Stundenlanges Schlangestehen vor Wahllokalen ist Standard in vielen Gegenden. Ein Lichtbildausweis bei der Stimmabgabe ist nur in 31 Bundesstaaten Pflicht. Im Umkehrschluss heißt das, in 19 Bundesstaaten ist ein Lichtbildausweis nicht Pflicht. Da genügt manchmal eine Unterschrift – eine Vorstellung, die für Österreich unvorstellbar ist. »Es gibt Bestrebungen, Wählen mit Lichtbildausweis in mehr Bundesstaaten zur Pflicht zu machen«, sagt John Gizzi, »ich brauche schließlich auch einen Ausweis, um ins Flugzeug zu steigen, sogar um manche Medikamente in der Apotheke abzuholen.«

Das Wahljahr 2020 mitten in der Pandemie war ein außergewöhnliches Wahljahr: Viele Bundesstaaten weiteten die Briefwahl großzügig aus, um Menschenansammlungen am Wahltag zu vermeiden. In manchen Bundesstaaten konnte die Stimme schon Monate im Voraus abgegeben werden.

Ich war im Wahljahr 2020 »resident« im District of Columbia, also der Hauptstadt Washington. Meldepflicht gibt es keine, die »residence« wird mit Strom- oder Telefonrechnungen bestätigt: Ich erhielt einen Wahlzettel per Post zugeschickt. Hätte ich ihn ausgefüllt und abgeschickt, ich bin nicht sicher, dass irgendjemand in der überforderten Wahlbehörde nachgeprüft hätte, ob ich tatsächlich US-Staatsbürgerin bin. Vielleicht wäre meine Wahlstimme einfach akzeptiert worden. Ich bin sogar ziemlich sicher, dass Zweiteres der Fall gewesen wäre, meine eigentlich ungültige Stimme, weil ich als österreichische Staatsbürgerin nicht wahlberechtigt bin, wäre gezählt worden. Ich habe den Wahlzettel jedenfalls zerrissen.

Trump, eine Bedrohung für die Demokratie?

Sägt Trump an der Demokratie? Ist seine Mär vom Wahlbetrug nur der erste Schritt und könnte eine zweite Amtszeit tatsächlich das Ende der Demokratie bedeuten? Den Diplomaten Gene Tuttle kostet diese Frage nur einen Lacher. Auch John Gizzi, der konservative Journalist, verneint: »Die Checks and Balances funktionieren. Es gibt keinen Beweis, dass Trump einen Putschversuch unternommen hat. Keine Untersuchung bisher hat diesen Beweis erbracht. Die Wahl war umstritten. Er hat das Weiße Haus verlassen. Punkt.«

Die Gefahr sieht auch John Bolton nicht, der einstige Nationale Sicherheitsberater Trumps, der zum Trump-Gegner mutiert ist. Der französischen Zeitung *Le Figaro* sagte er: »Biden macht einen Fehler, wenn er von der Apokalypse spricht. Das glauben ihm die Menschen nicht. Ich auch nicht. Die Republik zerstören? Reden wir Klartext: Trump ist kein Julius Cäsar. Die demokratischen Institutionen in Amerika sind stark. Es ist Trump nicht gelungen, die Wahl 2020 für sich zu beanspruchen. Es wird ihm auch diesmal nicht gelingen.«

Es ist mehr als fraglich, ob das Argument, Trump sei eine Bedrohung für die Demokratie, bei Wählern und Wählerinnen zieht. In intellektuellen Kreisen, in der liberalen Blase der Ost- und Westküste, wird heftig darüber diskutiert, nicht aber in den BBQ-Lokalen in Texas oder den Lkw-Raststationen in Oklahoma. »Die Demokratie ist in Gefahr«, das haben wir schon im Wahlkampf 2016 gehört. Damals hat es republikanische Wähler nicht abgeschreckt. Es wird sie auch diesmal nicht abschrecken.

TRUMP UND DIE MEDIEN

»The dishonest press, the lying media, enemy of the people«, Lügenpresse, Feind des Volkes: Seit Donald Trump die politische Bühne betreten hat, begleiten diese Sprüche seine Auftritte. Am Anfang waren wir, die Medien, empört, haben uns aufgeregt, manche von uns haben von Hitler-Diktion gesprochen, die Trump da verwende, das Wort Lügenpresse sei faschistische Rhetorik, diene einzig und allein dazu, die Medien zu verunglimpfen. Doch wir haben uns daran gewöhnt, haben uns seine Ausdrücke angeeignet und ins Gegenteil verkehrt. Meine Fake-News-Kappe trage ich gerne, wenn ich im Cabrio unterwegs bin.

Donald Trump und die Medien, das ist eine Art Hassliebe. Trump gibt vor, die Medien zu verachten, doch er benützt sie. Genauso wie die Medien Trump benützen. Es ist ein symbiotisches Verhältnis. Der eine kann ohne die anderen nicht, die anderen sind durch seine ständige Anfeindung aufgewertet. Beide profitieren.

Donald Trump weiß ganz genau, dass er – wenn er in unserer Aufregungsgesellschaft wieder Empörendes von sich gibt – in den Medien zitiert wird. Bis heute haben wir, die Medien, nicht gelernt, dass volle Absicht dahintersteht. Im Wahlkampf 2016 schaltete er erst im August, drei Monate vor der Wahl, seine ersten großen Wahl-TV-Spots. Seine Gegenspielerin Hillary Clinton hatte zu diesem Zeitpunkt schon mehr als 100 Millionen Dollar für TV-Spots ausgegeben. Donald Trump musste das nicht tun: Er war auch ohne Wahlwerbung jeden Tag in den Medien präsent. Er war laut genug, er regte auf.

Für die Medien galt: Die Quoten der Fernsehsender kletterten nach oben, die Auflagen legten zu. Der damalige CBS-Boss Leslie Moonves formulierte es bei einer Konferenz in San Francisco im Februar 2016 pointiert: »Donald Trump mag nicht gut sein für Amerika, für CBS ist er verdammt gut.« Nach Donald Trumps Wahl stockten alle Mainstream-Medien ihre Büros in Washington auf. TV-Sender wie CNN, *Fox* oder MSNBC verdoppelten ihre Zuschauerzahlen.

Diese Rekordquoten verschwanden, als Donald Trump die Präsidentenbühne verließ. Viele Medien verkleinerten die Büros in der Hauptstadt wieder. Die Präsidentschaft Joe Bidens war eine Rückkehr zur Normalität. Unter ihm wurde es langweilig, die tägliche Empörung nach Trumps frühmorgendlichen Tweets fehlte.

Unter Donald Trump rückten die Fact-Checking-Abteilungen der großen Medien wie der *New York Times* und der großen TV-Sender, die bis dahin eher ein Mauerblümchen-dasein geführt hatten, plötzlich ins Zentrum des Interesses. Der »Fact Checker« der *Washington Post* mit seiner Vier-Pinocchio-Skala zählte mehr als 30 000 Lügen oder Halbwahrheiten, die Donald Trump während seiner Wahlkämpfe und während seiner Zeit als Präsident von sich gegeben hatte, sei es via X (damals noch Twitter), über die von ihm gegründete Plattform Truth Social oder ganz einfach in Pressekonferenzen und Statements.

Drei Kriterien sind es, die News zu Top-News machen, sagt der Medienexperte Frank Sesno, der einst CNN-Korrespondent war und heute das Medieninstitut der George Washington University in der Hauptstadt leitet: Angst, Konflikt und Human Interest. Trump erfüllt alle diese Kriterien. Großes Drama, große Konflikte – darauf können wir uns einstellen, falls Donald Trump ein zweites Mal die Präsidentschaft für sich entscheidet.

Empörungsjournalismus

Als ich Anfang 2013, knapp vor der zweiten Inauguration Barack Obamas, nach Washington kam, fand ich ein polarisiertes Land vor, eine Bevölkerung, die in unterschiedlichen Wahrnehmungsblasen lebte. Die bereits bestehende Polarisierung verstärkte sich, als Donald Trump kam. Wir, die Medien, trugen wesentlich dazu bei. *Fox News*, das im Vorwahlkampf 2016 – als noch andere republikanische Kandidaten im Rennen waren und Trump die Vorwahlen noch nicht für sich entschieden hatte – manchmal auch Skepsis gegenüber Trump an den Tag legte, wurde während seiner Präsidentschaft zum Sprachrohr Trumps. Wenn Trump sich einmal über einen Interviewer ärgerte, wurde *Fox* zwar kurzfristig zum »hostile network«, zum feindlichen Sender, wie er sagte. Der Konflikt war aber immer schnell beigelegt. »Manchmal lässt er sich von anderen beeinflussen, aber es ist Donald Trump, der die Richtung vorgibt. Und dann folgen ihm alle«, zitiert die Zeitschrift *The Economist* Rich Lowry, Chefredakteur der konservativen Zeitschrift *National Review*. »Trump is the conservative media – Donald Trump beherrscht die konservativen Medien. Er ist ein Phänomen.«

Wenn Trump nicht gerade bei *Fox* auftritt oder sich per Telefon in die Morgensendung *Fox & Friends* zuschalten lässt (»Herr Präsident, wir wissen, Sie haben heute noch viel zu tun, danke, dass Sie angerufen haben«, komplimentieren die Moderatoren ihn nach einem Redeschwall auch schon mal aus der Sendung), ist *Newsmax* sein Lieblingssender. Chris Ruddy, der Gründer des konservativen Portals *Newsmax* und persönliche Freund Trumps, betont, *Newsmax* sei, trotz seines Rufes, kein Trump-Sender. »Wir hatten im Wahlkampf alle anderen republikanischen Kandidaten auf Sendung, wir hatten scharfe Trump-Kritiker wie John Bolton (Trumps früheren Nationalen Sicherheitsberater) oder Chris Christie (Ex-Gouverneur von New Jersey und Ex-Präsidentschaftskandidat) auf Sendung. Ich bin der Meinung, wir müssen über alle Kandidaten reden«, sagt mir Chris Ruddy im Interview. »Wir sind das einzige unabhängige Nachrichtenportal in den USA«, behauptet er großspurig. »Wir gehören keinem Konglomerat an. Wir sehen uns als konservativ, sind aber anderen Perspektiven gegenüber aufgeschlossen.« Unabhängig im Sinn von wirtschaftlich eigenständig ja, unabhängig im Sinn von politisch unabhängig nicht: *Newsmax* ist klar rechts angesiedelt.

Newsmax profitiert von Ruddys Nähe zu Trump – aber wie wichtig ist *Newsmax* für Donald Trump? »Donald fragt mich manchmal, er hört auf mich, aber ich spiele keine offizielle Rolle in seinem Wahlkampf, ich will das auch nicht.« Doch aus konservativen Kreisen hört man, dass

Chris Ruddy sehr wohl auch bei der Auswahl der Ministerriege mitreden könnte, sollte Trump die Wahl im November gewinnen.

CNN war zu Zeiten Obamas ein Sender der Mitte, entwickelte sich unter Donald Trump aber zum klassischen Anti-Trump-Sender. Immer mehr verschwammen Berichterstattung und »Editorializing«, Meinungsjournalismus. Jede noch so salopp dahingesagte Bemerkung Donald Trumps wurde und wird aufgegriffen, aufgeblasen, in Diskussionsrunden mit »Experten« zerlegt und kommentiert. Das gilt nicht nur für CNN, das gilt für fast alle Mainstream-Medien. Es geht um Emotionen, um öffentliche Erregung. Erst in zweiter Linie geht es um Erkenntnisgewinn und um die Darstellung von Zusammenhängen. In der Mitte ist es dünn geworden, ausgewogene Berichterstattung ist im heutigen Amerika schwer zu finden.

Vor lauter Empörung haben wir Medien vergessen, auf Distanz zu gehen, um schärfer zu sehen. Manchmal haben wir dabei das Gegenteil dessen erreicht, was wir erreichen wollten. So unrecht hat Donald Trumps ehemaliger Pressesprecher Sean Spicer nicht, wenn er sinngemäß sagt: Je mehr Medien und Experten Donald Trump anfeinden, desto mehr strömen ihm die Wähler zu.

Wo bleibt die ausgewogene Berichterstattung?

Das Vertrauen der Öffentlichkeit in die Medien ist seit 1990 gesunken, ganz besonders gilt das für das konservative Lager. Konservative werfen den Mainstream-Medien, die von sich behaupten, unparteiisch zu sein, vor, linkslastig zu sein. »Zeitungen wie die *New York Times* haben nicht mehr dasselbe Gewicht wie vor 30 Jahren«, sagt John Gizzi, Korrespondent in Washington für das Nachrichtenportal *Newsmax*, »die *New York Times* ist definitiv nach links gerückt.« Er ist einer der ganz wenigen White-House-Journalisten, die offen konservativ sind. »Ich bin der Einzige, der sich dazu bekennt«, erzählt er mir. »Ich bin als Republikaner registriert, um bei den Vorwahlen wählen zu können, aber im District of Columbia bringt das gar nichts«, grinst John. Washington, der District of Columbia, wählt traditionell demokratisch. Mehr als 90 Prozent der Bevölkerung haben bei der letzten Wahl für Joe Biden gestimmt.

John und Lydia Trandem, meine Mittelklassefamilie aus Fargo in North Dakota, finden, Trump werde von den Medien unfair behandelt. »Aus trivialen Dingen werden große Stories. Was Trump sagt, wird uminterpretiert, sie nehmen Aussagen aus dem Kontext«, sagt Lydia. »Er passt nicht auf, was er sagt. Ich ärgere mich auch manchmal. Ich bin überzeugt, dass er vor den Kameras ein anderer Mensch ist als im täglichen Umgang. Das ist Teil seiner Selbstinszenierung.« John sekundiert: »Die Medien sollen ihn ruhig angreifen. Als er am ersten Tag seiner Präsidentschaft die Büste von Martin Luther King aus dem Oval Office entfernen ließ, hat es plötzlich geheißen: Er ist ein Rassist. Die TV-Sender haben das als große Story gesendet. Das halte ich für problematisch. So viel Heuchelei gibt es bei konservativen Medien nicht. Zumindest kann ich das dort nicht sehen – vielleicht bin ich da auf einem Auge blind. Aber fair sind die Medien nicht zu Donald Trump.«

Dass die Mainstream-Medien, die Leitmedien, mehrheitlich liberal sind, ist ein offenes Geheimnis. Aber Kritik kommt nicht nur aus dem politisch rechten Eck. Sie kommt auch von innen.

James Bennet, einst leitender Redakteur der *New York Times* und jetzt Kolumnist beim britischen Magazin *The Economist*, hat Ende 2023 eine in Medienkreisen viel beachtete Analyse veröffentlicht: Das mehr als hundert Jahre alte Motto der *New York Times*, »to give the news impartially, without fear or favor«, die Nachrichten objektiv, ohne Furcht oder Bevorzugung zu vermitteln, gelte nicht mehr, schreibt James Bennet. Die *New York Times* sei im Zeitalter der Polarisierung und der sozialen Medien unter Druck ihrer linksliberalen Journalisten und Leserschaft geraten und habe vergessen, dass Ausgewogenheit bedeute, auch die andere Seite zu Wort kommen zu lassen, eine Vielfalt an Meinungen zu publizieren. Die *New York Times* lasse andere Meinungen immer weniger zu, aus Angst, die eigene Klientel abzuschrecken. Er selbst verließ die *New York Times* unter Druck des Herausgebers im Jahr 2020, weil er einen Kommentar des republikanischen Senators Tom Cotton auf der Meinungsseite der Zeitung zugelassen hatte. Die Gegenseite nicht zu Wort kommen zu lassen, aus Angst, dass man damit die eigene Linie unterwandern könnte, unterminiere die Unvoreingenommenheit, derer sich die *Times* rühmt, wirft Bennet dem altehrwürdigen Blatt vor. Die *New York Times* traue ihren Lesern und Leserinnen nicht zu, sich selbst eine Meinung zu bilden. »Die Wahrheit ist, dass die *Times* immer mehr zu einer Publikation wird, über die Amerikas progressive Elite mit sich selbst über ein Amerika spricht, das nicht wirklich existiert.« Selbstverständlich weist die *New York Times*, die ich dennoch immer noch für eine sehr gute Zeitung halte, die Kritik zurück.

Und doch: Auch für mich war in Trumps Zeit als Präsident ganz klar zu beobachten: Was Trump von sich gab, war für die liberalen Medien von vornherein nicht nur suspekt, es war automatisch falsch, nur weil er es sagte. Jede Aussage Trumps veranlasste die Medien zu einer meist empörten Reaktion. Bei *Fox News* oder *Newsmax*, den konservativen Sendern, war dagegen alles, was Trump tat oder von sich gab, automatisch lobenswert. Ausgewogene Berichterstattung war schwer zu finden.

Ein guter Test war und ist für mich, beim Frühstücksfernsehen, das in den USA, anders als bei uns, eine sehr wichtige Sendung ist, zwischen einem liberalen Sender wie CNN oder MSNBC und *Fox News* zu switchen. Zwei verschiedene Welten tun sich da auf.

Absurd wird es, wenn dieselben Vorwürfe von der jeweils anderen Seite erhoben werden: Die Republikaner schalteten zu Bidens »State of the Union«-Rede Anfang März 2024, zur großen Rede zur Lage der Nation, ganz bewusst einen neuen TV-Spot, der Biden als alt, gebrechlich, vergesslich und schwächlich darstellte. Auf *Fox News* machten sich die Kommentatoren im Frühstücksfernsehen über Joe Bidens Auftreten lustig, auf MSNBC warf der Moderator des *Morning Joe*-Programms, Joe Scarborough, dieselben Argumente Donald Trump an den Kopf: Er sei alt, er habe keine Energie mehr, er verspreche sich ständig.

Manchmal vergessen Redaktionen auch darauf, dass es nicht die Aufgabe der Medien ist, Leser und Zuseherinnen vor »Unwahrheiten« zu schützen. Als Donald Trump nach den gewonnenen Vorwahlen in Iowa im Winter 2024 seine Dankesrede begann, schaltete MSNBC weg. Die Moderatorin Rachel Maddow rechtfertigte die Entscheidung so: »Wir haben aufgehört, dem früheren Präsidenten eine ungefilterte Live-Plattform zu geben. Das ist keine Entscheidung, die wir leichtfertig getroffen haben. Aber wir wollen nicht wissentlich Unwahrheiten auf Sendung bringen.« Medien, die im Vorhinein wissen, was Wahrheit und was Unwahrheit ist? Medien, die ihre Zuseher und Zuseherinnen beschützen müssen?

Es gilt offenbar immer mehr – nicht nur in den USA – das Prinzip: Die Medienkonsumenten und -konsumentinnen erhalten das vorgesetzt, was sie sehen oder lesen wollen. So wird in Echoräumen die eigene Meinung verstärkt, ein Diskurs, eine offene und ehrliche Debatte, ist selten geworden.

Schon vor Jahren sagte mir Frank Sesno, der Medienexperte der George Washington University, in einem Interview: »Gefährlich wird es, wenn wir über die Definition von Redefreiheit und Meinungsfreiheit genauso gespalten sind wie über alles andere.« Wir haben diesen Punkt inzwischen erreicht.

DIE PROZESSE

»This was a disgrace. This was a rigged trial. I am a very innocent man! – Das ist eine Schande. Das war ein geschobener Prozess. Ich bin ein unschuldiger Mann!« So reagiert Donald Trump am 30. Mai 2024, als er nach dem Schuldspruch im Prozess um die Schweigegeldaffäre den Gerichtssaal 1530 des Manhattan Criminal Court verlässt.

Es ist ein völlig anderer Donald Trump, der in New York nach der Urteilsverkündung vor die Presse tritt, als der Donald Trump, der im Herbst 2023 das Gericht in Fulton County in Georgia verließ. Damals trotzig, energiegeladen, erhobenen Hauptes: Jetzt erst recht!, lautete seine Message. Diesmal: niedergeschlagen, der Gesichtsausdruck grimmig, zermürbt von Wochen, in denen er gezwungen war, im Gerichtssaal zu sitzen und der Anklage, der Verteidigung und den Geschworenen zu folgen, weil es Richter Juan Merchan so angeordnet hatte. »Der finsterste Tag in der Geschichte Amerikas« sei dieser 30. Mai, lässt er die Welt wissen. Wer wie ich einmal für ein Trump-Event registriert war, wird mit E-Mails bombardiert: »Ich bin ein politischer Gefangener«,

heißt es da etwa. Wut und Selbstmitleid – Trump kann
beides gut.»Ich bin völlig unschuldig«, beteuert er.»I will
never surrender! – Ich werde nie aufgeben!«

»Lächerlich«, so lautet auch die erste Reaktion eines Trump-
Anhängers, mit dem ich unmittelbar nach Bekanntwerden
des Urteils spreche.»Alle meine Bekannten und Freundinnen
sind entsetzt über dieses Urteil gegen Präsident Trump«,
lässt meine Freundin Marcy in Florida per E-Mail wissen.
»Wir werden New York boykottieren, dabei haben wir diese
Stadt einst geliebt.«

Der Strafprozess »The People of the State of New York
vs. Donald J. Trump« ist historisch einmalig, er wird an den
Law Schools der amerikanischen Universitäten angehende
Juristen und Juristinnen noch lange beschäftigen. Die Geschworenen haben Trump in allen 34 Anklagepunkten
schuldig gesprochen. Das hatte kaum jemand erwartet, auch
Donald Trump nicht, der Minuten vor der Urteilsverkündung noch sehr entspannt auf der Anklagebank saß. Die
meisten hatten mit einer »hung jury« gerechnet, mit Geschworenen, die sich nicht einigen können – und das hätte
bedeutet, dass der Prozess neu aufgerollt werden muss.
Sogar Fernsehkommentatoren schienen überrascht.

Trump war angeklagt, im Wahlkampf 2016 der Pornodar-
stellerin Stormy Daniels 130.000 Dollar Schweigegeld gezahlt zu haben, damit sie nicht mit ihrer Geschichte über
eine angebliche Affäre mit Trump an die Öffentlichkeit ging.
Trump dementiert beharrlich, dass es diese Affäre überhaupt
gegeben hat. Kurz vor der Wahl wäre das Bekanntwerden
dieser angeblichen Affäre für Trump, der ohnehin schon
wegen frauenfeindlicher Aussagen in der Kritik stand, ein
Debakel gewesen. Dass das Geld geflossen ist, und zwar

über seinen früheren Anwalt Michael Cohen, steht fest. Das Gericht befand, die Zahlung sei falsch deklariert gewesen – sie schien in den Geschäftsbüchern als Anwaltskosten, aber nicht als Wahlkampfausgabe auf, sei daher eine illegale Wahlkampffinanzierung gewesen. Trump habe damit in den Augen der Anklage den Ausgang der Wahl manipulieren wollen.

Bizarr war der Prozess auf mehreren Ebenen. Es ging vordergründig um die korrekte Verbuchung von Zahlungen, um Finanzkriminalität. Kronzeuge war Michael Cohen, Trumps »Fixer«, dem jedes Mittel recht war, um seinen Mandanten zu schützen, bevor er sich mit Trump überwarf. Cohen ist ein überführter Lügner, war selbst im Gefängnis. Die als Stormy Daniels bekannte Stephanie Clifford schwelgte darin, im Gerichtssaal sexuelle Details zu schildern – obwohl es nie darum gegangen war, ob eine Affäre stattgefunden hatte oder nicht. Zeitweise hatte man das Gefühl, der Prozess sei mehr Boulevard-Show als Gerichtsverfahren. Im Zentrum stand Trumps Charakter. Dabei ist dieser Prozess von allen, die Donald Trump noch vor sich hat, der unwichtigste. »New York versus Donald J. Trump« war ein äußerst komplexer Fall, man musste schon juristisch bewandert sein, um wirklich durchzublicken. Es war ein Fall, der vielleicht nur im Bundesstaat New York so ablaufen konnte.

Das Urteil drängt Donald Trump noch mehr in die Rolle des Justizopfers, die er unaufhörlich spielt. Die Rolle des politisch Verfolgten dient seiner Popularität. Unfair sei dieser ganze Prozess gewesen, so sehen es seine Anhänger und Anhängerinnen: Schon der Staatsanwalt im demokratisch dominierten Bundesstaat New York sei persönlich darauf

aus gewesen, Donald Trump zu verurteilen. Bezirksstaats-
anwälte werden in den USA gewählt, Staatsanwalt Alvin
Bragg war der Kandidat der Demokraten. In seinem Wahlkampf hatte Bragg damit geworben, er habe mehr Erfahrung
mit Donald Trump als andere, weil er sich in einigen Klags-
fällen gegen Donald Trump durchgesetzt hatte. Es war zu
erwarten, dass das Trump-Lager von einem politisch moti-
vierten Prozess sprechen würde. Eine Hexenjagd sei es, um
im Trump-Jargon zu bleiben, Korruption pur. Trumps Spen-
den-Website brach am Tag des Urteils zusammen. 35 Millionen Dollar sammelte sein Team innerhalb von nur wenigen
Stunden von Kleinunterstützern ein – ein Rekord.

Ganz anders reagierten Trumps Gegner: Vor dem Gesetz
sind alle gleich, das habe dieser Prozess bewiesen. Auch
ein Donald Trump mit seinen Heerscharen an Anwälten
und seinen Milliarden könne sich der Justiz nicht entziehen.

Oder doch? Anfang Juli 2024 fällte der Oberste Gerichtshof ein Urteil, das ohne Übertreibung als historisch beschrieben werden kann: Die Höchstrichter sprachen in
ihrer Mehrheitsentscheidung im Fall »Donald Trump gegen die Vereinigten Staaten« dem Präsidenten Immunität
für offizielle Amtshandlungen zu. Auch wenn dieser Schutz
vor Strafverfolgung nicht für inoffizielle, also private, Hand-
lungen gilt: Es ist ein weitreichendes Urteil, nicht nur für
Donald Trump, sondern auch für zukünftige Präsidenten.
Für Trump war es ein Grund zu jubeln, denn mit diesem
Urteil werden die anhängigen Prozesse gegen ihn nicht
vor dem Wahltag stattfinden. Untere Instanzen müssen sich
noch einmal damit befassen, wann und wofür er Immunität besaß oder besitzt. »Big win for our constitution and
democracy – ein großer Sieg für die Verfassung und für

die Demokratie«, posaunte Trump auf seiner Plattform Truth Social hinaus.

Die Höchstrichter waren in ihrem Urteil gespalten: Die sechs konservativen Richter, drei davon von Trump ernannt, stimmten für Immunität, die drei liberalen Richterinnen vehement dagegen: Richterin Sonia Sotomayor formulierte in ihrer Minderheitsmeinung scharf: Das Urteil verhöhne den Grundsatz, dass kein Mensch über dem Gesetz steht. Sie, Sotomayor, widerspreche in Sorge um die Demokratie.

Die Höchstrichterentscheidung unterstreicht noch einmal die Wichtigkeit von Richternominierungen. Höchstrichter sind auf Lebenszeit ernannt, sie beeinflussen die Rechtsprechung weit über die Amtszeit eines Präsidenten hinaus, oft für Jahrzehnte.

Konkret bezog sich der Spruch des Supreme Court auf die wohl schwerwiegendste Anklage gegen Donald Trump vor einem Bundesgericht in Washington, D.C. Es geht um den Sturm auf das Kapitol am 6. Jänner 2021 und Trumps Rolle dabei. Die Frage ist: Hat Donald Trump die Bestätigung des Wahlergebnisses im Kongress an diesem Tag verhindern wollen? Wann der Prozess stattfinden wird, ist jetzt völlig offen. Donald Trumps Chancen sind durch das Immunitätsurteil jedenfalls beträchtlich gestiegen.

Sogar das bereits gefällte New Yorker Urteil wird dadurch relativiert. Richter Juan Merchan verschob angesichts der höchstrichterlichen Entscheidung die Verkündung des Strafausmaßes für den New Yorker Schuldspruch vom ursprünglich vorgesehenen Datum im Juli auf September, »falls dies noch notwendig ist«, wie er hinzufügte. Trumps Anwälte plädierten für eine Annullierung des Urteils.

Die anderen Prozesse

Donald Trump ist mit einer ganzen Reihe weiterer Strafprozesse und zivilrechtlicher Verfahren konfrontiert, viele davon in einzelnen Bundesstaaten, einige vor Bundesgerichten. Sexuelle Nötigung, Betrug, Verleumdung, Behinderung der Justiz – die Liste ist lang.

Im Bundesstaat Georgia geht es um den Versuch, die Präsidentschaftswahl 2020 zugunsten Donald Trumps zu beeinflussen: Die Bezirksstaatsanwältin Fani Willis beruft sich in der Anklage auf ein Gesetz, das ursprünglich auf die Bekämpfung der Mafia abzielt. Im Mittelpunkt steht das inzwischen berühmt-berüchtigte Telefonat Trumps im Dezember 2020 mit dem für die Wahl in Georgia zuständigen Secretary of State Brad Raffensperger, in dem Trump ihn bittet, 11 780 Stimmen zu finden. Diese Stimmen wären notwendig gewesen, um das Wahlergebnis in Georgia umzudrehen. Neben Trump sind weitere 18 Personen angeklagt.

Ein im Bundesstaat Florida anhängiger Prozess wurde von der dortigen konservativen Verfahrensrichterin hinausgezögert. Der Vorwurf: Trump habe große Mengen an Geheimdokumenten aus dem Weißen Haus nach Mar-a-Lago bringen lassen, habe versucht, Beweisstücke zu vernichten, habe sie unter anderem in einer Dusche gelagert und habe gewusst, dass das ein schweres Vergehen ist. Der Prozess fällt unter ein Spionagegesetz von 1917. Mitte Juli 2024 schließlich stellte die Verfahrensrichterin den Prozess ein. Sie begründete das mit Zweifeln daran, dass der Sonderermittler in diesem Fall rechtmäßig ernannt worden sei. Eine Berufung ist möglich.

Die Grundfrage, um die es bei allen Prozessen geht, lautet: Funktioniert das System? Die Meinungen gehen, wie bei fast allem im Amerika des Jahres 2024, diametral auseinander. Trump hätte nie angeklagt werden dürfen, schon gar nicht wegen der Schweigegeldaffäre; das beweise, dass die Justiz als Waffe gegen politische Gegner eingesetzt werde, argumentieren Trump-Anhänger. Das New Yorker Urteil zeige, dass alle vor dem Gesetz gleich sind, argumentieren dagegen Trump-Gegner. Das Urteil des Supreme Court zur Immunität sehen Trump-Anhänger mit Genugtuung. Es sei politisch motiviert und beschädige den Ruf des Obersten Gerichtshofs, argumentieren Trump-Gegner.

Donald Trump hat mehr Skandale ausgelöst als jeder andere Präsident. Er musste zwei Amtsenthebungsverfahren über sich ergehen lassen. Seine Anhänger stürmten das Kapitol, den Sitz des Kongresses, in der Geschichte der Vereinigten Staaten hatte es das noch nie gegeben. Trump weigert sich bis heute, das Wahlergebnis des Jahres 2020 anzuerkennen. Er musste allein in diesem Jahr mehr als 400 Millionen Dollar in zivilrechtlichen Verfahren bezahlen. Und doch war er bis zum Urteil im Schweigegeldverfahren so etwas wie ein Teflon-Präsident. Nichts blieb wirklich an ihm hängen. Mit seinem Modus Operandi – attackieren, wenn er angegriffen wird – hat er sich bis jetzt gut geschlagen.

Die Prozesse, die Gerichtsentscheide und die gegenseitigen Anschuldigungen haben bisher mit großer Sicherheit eines erreicht: Die Polarisierung des Landes wird, sofern das überhaupt möglich ist, noch verschärft.

TRUMPS PLÄNE FÜR EINE ZWEITE PRÄSIDENTSCHAFT

Wie könnte eine zweite Amtszeit Donald Trumps aussehen? Kommt jetzt der große Zerstörer? Das sind die Fragen, die Amerika beschäftigen. Zumindest die eine Hälfte der Bevölkerung beschäftigen sie, die liberal denkende Hälfte des Landes. Die andere Hälfte, die ideologisch auf der konservativen Seite zu Hause ist, sieht einer möglichen zweiten Amtszeit großteils gelassen entgegen.

Sicher ist: Mit Donald Trump, wenn er tatsächlich gewählt wird, kommt das große Drama zurück auf die Bühne. Sicher ist auch: Eine zweite Präsidentschaft Trumps würde sich grundsätzlich von der ersten unterscheiden. Diesmal würde Trump gut vorbereitet ins Weiße Haus einziehen.

Viel ist darüber geschrieben worden, dass Donald Trump einen Rachefeldzug vorbereitet. Er selbst spricht immer wieder von »retribution«, von Vergeltung und Rache, die er an all jenen nehmen werde, die seine Pläne in der ersten Amtszeit durchkreuzt haben, die ihn nicht haben schalten und walten lassen, wie er wollte.

Ist das Gerede von Rache Bluff oder grimmige Realität? Kommentatoren in Europa sind sich ziemlich einig: Trump zwei werde furchtbar. Kommentatoren in den USA sehen das differenzierter: Es gibt zwar auch hier genug Leute, auch unter Konservativen, die meinen, Donald Trump plane die totale Machtübernahme. Er sei ein Komet auf Kollisionskurs mit der Demokratie, schreibt etwa der konservative Kommentator David Frum, einst Redenschreiber von George W. Bush, der zur Fraktion der Never-Trumper gehört, im Magazin *The Atlantic*. Eine zweite Amtszeit werde autoritäre Züge tragen. Es gibt aber auch Kommentatoren, die meinen, Trump plane einfach eine besser organisierte, besser vorbereitete konservative Präsidentschaft, er wolle fertigstellen, was er in seiner ersten Amtszeit begonnen hat, was er aber ob des Widerstandes, der ihm entgegengebracht wurde, sei es von Gerichten, sei es vom Kongress, sei es zum Teil auch von eigenen Mitarbeitern und Mitarbeiterinnen, nicht durchgebracht hat.

Eine zweite Präsidentschaft Donald Trumps wäre, wie es das *Wall Street Journal* formuliert, »trumpier« als seine erste, ganz zugeschnitten auf seine Art von Populismus.

Trump war unerfahren in Regierungsgeschäften, als er 2016 ins Amt kam. Dementsprechend chaotisch agierten er und sein Team im Weißen Haus. 2016 war es problematisch für den designierten Präsidenten, der nicht mit seiner Wahl gerechnet hatte, innerhalb weniger Wochen Personal zu finden. Die Bilder von damals sind mir noch in Erinnerung: Reporterteams belagerten zwischen dem Wahltag im November und der Inauguration im Jänner den Trump Tower in New York, um festzuhalten, wer ein und aus ging, wer einen Termin bei Donald Trump hatte, wer sich um ein

Amt in der neuen Administration bemühte. Vor dem goldenen Lift, der zu Trumps Büro führte, waren permanent TV-Kameras positioniert. Im Beichtstuhlverfahren ließ Trump mögliche Kandidaten und Kandidatinnen antanzen.

Trump umgab sich in seinen ersten Jahren als Präsident mit bekannten konservativen Politikern und Militärs, die großteils der alten Garde angehörten. Die »Erwachsenen im Weißen Haus«, wie die Medien sie nannten, versuchten, sehr zu Trumps Missfallen, ihn unter Kontrolle zu halten. Der Reihe nach jagte Trump sie aus dem Amt, oder sie traten frustriert zurück. In seiner ersten Regierung habe es viele »Schlangen« und »Verräter« gegeben, beklagt sich Donald Trump noch heute.

Besonders gerne wettert Trump gegen den »Deep State«, gegen die vermeintlichen Machenschaften gegen ihn in den Beamten-Institutionen, die für die Abwicklung der Regierungsgeschäfte zuständig sind – sei es unter republikanischen oder demokratischen Präsidenten. Schon der Ausdruck Deep State, Tiefer Staat, suggeriert, dass da etwas Geheimnisvolles, Dunkles, nicht wirklich Greifbares am Werk ist. Mystifizieren ist eine Methode, um Vorgänge, die man nicht beschreiben will oder kann, suspekt erscheinen zu lassen. Das macht Donald Trump immer wieder, besonders wenn er vom Deep State spricht: Er kämpfe gegen diesen Moloch in Washington, der gegen die Interessen des Präsidenten agiere.

Das Projekt 2025

Die Vorbereitungen für ein Kabinett Trump zwei laufen seit Jahren. Und sie sind diesmal gründlich. Nicht selten wird das Projekt 2025 als Geheimprojekt der Konservativen zur Machtübernahme dargestellt. Geheim ist es definitiv nicht. Man kann es im Internet nachlesen, 920 Seiten stark ist das »Project twenty twentyfive«. Dahinter steht die Heritage Foundation, eine ultrakonservative Denkfabrik mit enormem Einfluss. Seit den 1980er-Jahren, seit Ronald Reagan, ist die Heritage Foundation bei jedem Präsidentenwechsel aktiv an der Suche nach konservativem Personal in Washington beteiligt und schmiedet Pläne für eine mögliche konservative Präsidentschaft. Neu ist es also nicht, dass die Heritage Foundation Richtlinien für einen neuen konservativen Präsidenten ausarbeitet, neu ist aber, dass es diesmal ein konzertiertes Unterfangen ist. Mehr als hundert unterschiedliche konservative Gruppen und Thinktanks haben ihre Rivalitäten beiseitegelegt und arbeiten gemeinsam am Projekt 2025, um die konservative Revolution vorzubereiten.

So früh wie noch nie – schon Anfang 2023, fast zwei Jahre vor dem Wahltag und mehr als ein Jahr, bevor Donald Trump als Kandidat feststand – begann die Heritage Foundation mit der Arbeit. Alle ernst zu nehmenden republikanischen Kandidaten und Kandidatinnen der Vorwahlen, wie Nikki Haley, Vivek Ramaswamy oder Ron DeSantis, führten Gespräche mit der Heritage Foundation. Man gab sich offen und betonte, dass das Projekt nicht nur auf Donald Trump zugeschnitten sei. »Doch inzwischen ist es definitiv auf Trump ausgerichtet«, sagt der Washington-Kenner Thomas Rehermann, als wir uns in der amerikanischen Hauptstadt auf einen Kaffee treffen. »So gut vorbereitet, das hat es noch nie gegeben. Was in der ersten Amtszeit nicht gelungen ist, soll jetzt durchgezogen werden.« Thomas Rehermann ist Deutscher, gehört dem CDU-Freundeskreis in Washington an und ist ein sehr genauer Beobachter der Politszene: »Es ist ein Epochenwechsel.«

Das Projekt 2025 ist ein genauer Leitfaden für eine zweite Amtszeit Trumps. Und es ist ein radikales Projekt: Trumpismus soll institutionalisiert werden. Schon in der Einleitung heißt es: »Unser Ziel ist es, eine Armee von gleichgesinnten, auf Herz und Nieren durchgecheckten, trainierten und gut vorbereiteten Konservativen zu bilden, die am Tag eins beginnt, den Bürokratenstaat zu demontieren.«

Jeder neue Präsident hat das Recht, 4000 Beamtenjobs politisch zu besetzen, das ist die oberste Schicht des Beamtenapparats. 1200 davon müssen in einem Senatshearing bestätigt werden, 2800 nicht. Diese politisch besetzten Posten sollen sicherstellen, dass die Politik eines Präsidenten auch tatsächlich umgesetzt wird. Neben den politisch besetzten Posten gibt es an die zwei Millionen Bundesbeamte, das Kaderpersonal, deren Jobs mit gesetzlichen Sicherheitsgarantien versehen sind, die verhindern sollen, dass ein neuer Präsident sie ohne Weiteres entlassen kann. Sie dienen unter demokratischen genauso wie unter republikanischen Präsidenten.

»Wir wollen bis Ende des Jahres 2024 20 000 Personen in unserer Datenbank haben«, sagt Kevin Roberts, der Präsident der Heritage Foundation, in diversen Podcasts. »Im Jahr 2016 hatten wir als konservative Bewegung nicht genug loyales Personal zur Verfügung. Am 20. Januar 2025 (dem Tag der Inauguration, Anm.) wird es anders aussehen. Unsere Datenbank ist voll mit durchgechecktem und ausgebildetem Personal, um den administrativen Staat von Tag eins an zu demontieren.« Mit anderen Worten: Die Strukturen des Bundes sollen zerschlagen, die Bürokratie soll auf Trump-Kurs gebracht werden.

Paul Dans, der das »2025 Presidential Transition Project«, wie es offiziell heißt, leitet, erklärt das in einem Podcast mit der Zeitschrift *The Economist* so: »We have to hit the ground running – wir müssen mit voller Kraft durchstarten. Das Personal muss früh bereitstehen, nicht erst nach der Wahl. Wir suchen Leute, die noch nie in Washington gearbeitet haben, wir wollen keine Washington-Insider. Jeder Präsident hat das Recht auf loyale Mitarbeiter. Trump ist als Außenseiter nach Washington gekommen, er braucht neue Leute, die von außen kommen.« Eine Art LinkedIn für Republikaner hat die *New York Times* das Projekt genannt. Paul Dans: »Lesen Sie, was wir zu sagen haben. Wenn es Sie anspricht, wunderbar. Wenn nicht – kommen Sie nicht nach Washington, bewerben Sie sich nicht für einen Job.«

In einer Art Trainingslager soll das neu angeworbene Personal ausgebildet werden. Schnelle Handlungsfähigkeit soll in einer zweiten Trump-Administration gewährleistet sein. Auch demokratische Thinktanks hatten in den letzten Jahrzehnten Projekte für ihre Präsidenten vorbereitet, freilich ohne so tief in den Beamtenstaat einzugreifen.

In vielen Kapiteln des Projekts 2025 geht es darum, Ministerien die Unabhängigkeit zu nehmen. An vorderster Front: das Justizministerium. Es soll viel stärker der präsidentiellen Kontrolle unterliegen. Projektleiter Paul Dans

dazu im Magazin *The Atlantic*: »Die Vorstellung der soge-
nannten Unabhängigkeit des Justizministeriums gehört auf
den Aschehaufen der Geschichte.« Die Unabhängigkeit der
Justiz ist eines der Grundprinzipien der amerikanischen
Demokratie, sie ist Teil der Checks and Balances, die die
gegenseitige Kontrolle der Institutionen Präsident – Kongress – Gerichte – garantieren sollen. Eine Schwächung des
Justizministeriums wäre ganz im Sinne Trumps, der sich
immer wieder über eine große Verschwörung der Justiz
gegen seine Person beklagt. Er könne sich vorstellen, Staats-
anwälte zu entlassen, die sich gegen seine Anordnungen
stellen, sagt Trump im Frühjahr 2024 in einem Interview
mit dem *Time Magazine*. Er spricht auch von der Begnadi-
gung derer, die am 6. Jänner 2021 das Kapitol in Washington
gestürmt hatten und verurteilt wurden. Er nennt sie Patrioten, hat mit inhaftierten Kapitolstürmern sogar einen Song
aufgenommen, eine Mischung aus Nationalhymne und Treueschwur, die bei vielen seiner Wahlkampfveranstaltungen
abgespielt wird.

Das Projekt 2025 trägt ganz klar autoritäre Züge, so
lautet der Konsens im liberalen Washington. Das ist die
Angst auch in Europa: Martin Wolf, Chefkommentator der
Financial Times, sieht es so: »Wenn die Geheimdienste, das
Heimatschutzministerium, die Steuerbehörden, das Militär,
das FBI und das Justizministerium den Launen des Staats-
oberhauptes unterliegen, dann ist das ein autoritärer Staat.
Ja, es ist so einfach. Mit einem Präsidenten mit Rachegelüs-
ten kommt es zu Machtmissbrauch. Das wären nicht mehr
die Vereinigten Staaten, wie wir sie kennen. Das wäre mit
dem Ungarn Viktor Orbáns oder sogar mit der Türkei Recep
Tayyip Erdoğans vergleichbar.«

Auch die Klimapolitik soll radikal geändert werden. Für das Klimaschutzprogramm, das unter Joe Biden verabschiedet wurde, gibt es bereits Umorganisationspläne. Wo Joe Biden seinen Fokus auf erneuerbare Energie gelegt, den Ausbau weiterer Flüssiggasterminals gestoppt hat und ein gigantisches Umweltprogramm als Teil seines Inflation Reduction Act durchgebracht hat, will Trump das wieder rückgängig machen. Fossile Energie soll wieder in sein. »Drill, baby, drill« ist Trumps Parole. Das Gerede von Klimawandel sei Hysterie. »Energiesicherheit ist wichtig«, heißt es im Projekt 2025, »Erdgas ist verlässlich und leistbar, mit Energieexporten helfen wir unseren Freunden.« Der Umstieg auf erneuerbare Energie, auf E-Mobilität, der eine Priorität der Biden-Regierung ist, soll gestoppt werden. Die USA, die so reich an fossilen Brennstoffen, an Schieferöl und Erdgas seien, sollen für die eigene Energiesicherheit sorgen, sollen wieder zum größten Energieproduzenten der Welt werden. Es sei Wahnsinn, diese Bodenschätze brach liegen zu lassen.

Können Bidens Umweltbeschlüsse wirklich so schnell rückgängig gemacht werden? Im Energieministerium in Washington sieht man das relativ entspannt. Was einmal Gesetz ist, so wie der Inflation Reduction Act, und vom Kongress verabschiedet wurde, kann ein Präsident nicht einfach per Dekret umdrehen, heißt es da. So viel kann Donald Trump nicht kaputt machen, meint auch der Klimatologe Veerabhadran Ramanathan vom Institut für Ozeanografie der University of California in San Diego in der Zeitschrift *The Atlantic*: »Wenn es nur vier Jahre sind, dann überstehen wir das. Es sei denn, aus vier Jahren werden 20 Jahre […]. Aber wenn es vier Jahre sind, können wir uns davon erholen.« Neue Direktiven würden Verwirrung

stiften, aber nicht viel mehr. Dazu komme, beruhigen klima-
bewusste Politiker und Politikerinnen, dass jeder Bundesstaat seine eigene Gesetzgebung hat. Kalifornien oder
Massachusetts etwa sind Vorreiter im Kampf gegen den
Klimawandel. Massachusetts habe die Klimaziele von Paris
schon seit Jahren übererfüllt und werde sich weiter an das
Abkommen halten, auch wenn Trump es wieder aufkün-
digt, sagt Marc Macheco, der demokratische Senator von
Massachusetts, als er im Frühjahr 2024 Österreich besucht.

Im Projekt 2025 geht es auch um Gesellschaftspolitik.
Vom Kulturkampf ist darin die Rede, die Familie als Kern
der Gesellschaft müsse aufgewertet, der Schutz der Kinder
in den Vordergrund gestellt werden. Es ist eine klare Abgrenzung zu den als links-links empfundenen gesell-
schaftspolitischen Vorstellungen der Biden-Regierung und
klingt ziemlich martialisch. Paul Dans, der Projektleiter, im
Economist-Podcast: »Wir Konservative werden angegriffen.
Wir werden gecancelt, wir werden ausgelöscht. Wir sind
die modernen Hippies, wir sind die Counterculture. Wenn
ihr einen Marsch organisiert und eine Million Menschen
sagt ›Resistance now – Widerstand jetzt‹, dann zählt das
nicht, wenn wir einen Marsch organisieren, aber schon.«
Dans vergleicht da die friedlichen Proteste gegen Donald
Trump nach dessen Amtsantritt 2017 mit dem Sturm auf das
Kapitol am 6. Jänner 2021. »We need warriors – wir brauchen Krieger. Wir brauchen Menschen, die mit uns gehen,
auch wenn das Klima rau wird.«

Mit dem Projekt 2025 will Trump Ende Juli plötzlich
nichts mehr zu tun haben. Wahlkampftaktik, um die moderate Mitte nicht abzuschrecken oder tatsächlich Paradigmenwechsel? Wir wissen es nicht.

Immigration ist ein Bereich, in dem es unter Donald Trump eine 180-Grad-Wende geben wird. »Die größte Massendeportation in der Geschichte der USA« werde er einleiten, das wiederholt Trump immer wieder. Auch da laufen bereits Vorbereitungen. Wie das *Wall Street Journal* recherchiert hat, gibt es sehr detaillierte Vorbereitungen zur Umsetzung der Wahlkampfankündigungen. Bereits im Frühjahr 2024 wurde erarbeitet, wie entsprechende Präsidentendekrete formuliert werden sollen. Hunderttausende Menschen, die unter Bidens Gesetzen im Land bleiben durften, sollen deportiert werden, die Herkunftsländer sollen gezwungen werden, sie zurückzunehmen. Staaten wie Panama oder afrikanische Länder sollen als Partner gewonnen werden, um die Abgeschobenen aufzunehmen. Das britische Beispiel – Ruanda als Asylland – hat bei Trumpern offenbar Anklang gefunden.

Noch gilt: Der Kongress hat mitzureden. Vor allem, wenn es ums Geld geht. Der Kongress hat »the power of the purse«, das Geld für präsidentielle Vorhaben muss vom Kongress genehmigt werden – und den kann Donald Trump nicht von einem Tag auf den anderen aushebeln.

Kommt mit Trump der Rückzug der USA auf sich selbst? Trumps Wähler und Wählerinnen erwarten es. Viele andere befürchten es und warnen vor einem neuen Isolationismus.

Muss sich Europa fürchten?

Welche Rolle wollen die USA in der gegenwärtigen geopolitischen Situation einnehmen? Die Weltordnung ist zu einer Welt-Unordnung geworden. Alles ist im Umbruch.

Europa und die USA sehen ihr Wertesystem – Demokratie, Meinungs- und Pressefreiheit, Rechtssicherheit – in Gefahr. China und Russland streben nach mehr Macht, wirtschaftlich und militärisch. Ihr Weltbild entspricht nicht dem einer westlichen Demokratie. Der Ukrainekrieg und der Krieg in Nahost haben das Bedrohungsszenario für den Westen noch verschärft.

Was geschieht, wenn der 47. Präsident der Vereinigten Staaten Donald Trump heißt? Was würde es für uns in Europa bedeuten?

Joe Biden, der Transatlantiker, ist in seinen mehr als 30 Jahren als Senator und in seiner Zeit als Vizepräsident und Präsident immer wieder nach Europa gereist. Er hat sich mit Anthony Blinken als Außenminister einen weiteren europhilen Transatlantiker an seine Seite geholt. Anthony Blinken hat einen Teil seiner Jugend in Paris verbracht, spricht perfekt Französisch. Beide sind im Gegensatz zu Donald Trump Diplomaten, beide sehen die Europäer als Verbündete. Das Aufatmen in Europa war spürbar, als Biden 2020 gewählt wurde. Damit waren die guten transatlantischen Beziehungen wieder hergestellt.

Trump ist außenpolitisch unberechenbar. Ein Satz des früheren konservativen Präsidentschaftskandidaten Mitt Romney bringt es für mich auf den Punkt: »Soweit ich Trumps Außenpolitik verstehe«, hat er einmal gesagt. Verstehen kann man sie nicht wirklich, dazu ist sie zu erratisch, zu unberechenbar, zu widersprüchlich. Alle Erklärungsversuche können nur Interpretationen sein. Vielleicht ist Trumps Unberechenbarkeit ein Vorteil, argumentieren einige: Sie könnte abschreckende Wirkung auf Gegner der USA wie Russland oder China haben. Was von Joe Biden zu erwarten ist, weiß man. Was von Donald Trump zu erwarten ist, weiß man nicht.

Stichwort Ukrainekrieg: Ist Donald Trump bereit, die Ukraine weiter mit militärischer Ausrüstung zu versorgen? Präsident Joe Biden hat im Frühjahr 2024 für ein weiteres Ukraine-Hilfspaket gekämpft und es auch durchgebracht. Noch stehen die USA hinter der Ukraine, »as long as it takes«, heißt es, »so lange wie nötig«. Doch in der Bevölkerung schwindet die Unterstützung für die Ukraine, bei Republikanern mehr als bei Demokraten.

An der Pennsylvania Avenue in Washington, D.C., ein paar Blocks vom Weißen Haus entfernt, liegt das Hudson Institute, eine angesehene konservative Denkfabrik. Peter Rough leitet dort das Center on Europe and Eurasia. Er ist ein gefragter Kommentator der amerikanischen Außenpolitik und in vielen Medien präsent. Auch als ORF-Bürochefin in Washington habe ich gerne auf Peters Expertise zurückgegriffen. Nicht nur, weil er, der in Iowa Geborene und Aufgewachsene, dank seiner Kärntner Mutter perfekt Deutsch spricht, sondern weil er ein Außenpolitikexperte mit Weitblick ist.

»Trumps Rhetorik ist aggressiv – das hat in der ersten Amtszeit eine gewisse abschreckende Wirkung auf Putin gehabt«, sagt mir Peter Rough im Interview. Auch für ihn sind viele Fragen offen: »Es gibt das Zitat Trumps: ›I will deal with the Ukraine war in 24 hours – Ich werde den Krieg in der Ukraine in 24 Stunden beenden.‹ In einem Interview hat Trump weiter ausgeführt: Er werde darauf bestehen, dass der Krieg eingefroren wird. Wenn Putin nicht reagiere, würde er die Ukraine massiv aufstocken. Ist er bereit, das mittel- und langfristig durchzuziehen? Wir wissen es nicht.«

Trump sieht sich selbst als Deal Maker. So sieht ihn auch Peter Rough: »Trump sieht überall einen Deal, den er ausverhandeln kann. Das ist seine Vorgehensweise, das ist es, was seine Karriere definiert. Aber er ist nicht bereit, einseitig Konzessionen zu machen. Putin ist angreifbar, wenn die Amerikaner Öl und Gas exportieren. Russlands Budget finanziert sich großteils über Öl- und Gasexporte. Trump hat das erkannt, er hätte da einen anderen Zugang, als ihn Biden hatte. Er wäre absolut bereit, amerikanische Öl- und Gaslieferungen auszubauen. Das hat er auch während seiner Amtszeit immer wieder versucht. Er war nicht Putins bester Freund, ganz im Gegenteil.«

Sorgen bereitet Peter Rough das Szenario, dass Putin, wenn er den Krieg gewinnt, mit der Ukraine nicht genug haben und seine Aggression fortsetzen könnte. »Wenn Putin in drei oder vier Jahren möglicherweise in Litauen einmarschiert und erklärt, wenn ihr, Westeuropa und die USA, einen Befreiungsversuch unternehmt, dann sind taktische Atombomben im Spiel, sind die USA dann bereit, wirklich zu agieren? Das sind die großen, schwierigen Fragen, die sich in der Vergangenheit nicht gestellt haben, weil die Amerikaner so viel mächtiger waren als andere. Wenn ein solcher Angriff stattfindet: Wie würde Trump reagieren?«

Stichwort Nato: Ein Zitat Trumps sorgte Anfang 2024 für Aufregung in Brüssel: »Die Nato ist tot, wir werden die Nato verlassen«, habe er im Jahr 2020 bei einem Treffen mit EU-Kommissionspräsidentin Ursula von der Leyen erklärt, so erzählt es EU-Kommissar Thierry Breton. »Wenn Europa angegriffen wird, werden wir euch nicht helfen«, habe Trump da in aller Deutlichkeit erklärt. Was ist mit der Beistandspflicht der Nato, was ist mit dem berühmten Artikel 5, der besagt, dass ein Angriff gegen einen Bündnispartner als Angriff gegen alle gesehen wird? Ist das wieder nur ein Bluff Trumps?

Der frühere österreichische Botschafter in den USA, Martin Weiss, sieht es ganz klar als Drohung, sagt er im Gespräch mit mir: »Für mich ist das viel mehr als nur ein geschicktes Druckmittel. Das ist mehr als Geplänkel. Es ist eine Geisteshaltung, mit der Trump viele Amerikaner ansprechen kann. Was geht uns das an? Ich kann mir gut vorstellen, dass er sagt: ›Sorry guys you are on your own – tut mir leid, ihr Europäer seid jetzt auf euch selbst gestellt.‹ Ein Konflikt zwischen einem erstarkten Putin und der Nato würde nicht heißen, dass Panzer auf Berlin zurollen. Aber er könnte im Baltikum einen Konflikt vom Zaun brechen, um zu testen, ob die Nato wirklich bereit ist, dieses kleine Stück Land zu verteidigen. Wenn das durchgeht, dann geht viel mehr durch. Trump ist immer ein Deal Maker. Er könnte sagen: ›Machen wir einen Deal. Lassen wir Putin dieses kleine Stück Land, wir kriegen etwas anderes dafür.‹ Das ist durchaus realistisch. Das ist extrem gefährlich für uns, aber absolut realistisch.«

»Muss sich Europa vor einer zweiten Amtszeit Trumps fürchten?«, frage ich auch Peter Rough in Washington: »Europa fürchtet sich bis jetzt anscheinend nicht. Wir kennen das Phänomen Trump spätestens seit November 2016 als Realität. Bis jetzt hat man die Remilitarisierung Europas noch nicht zustande gebracht. Und darum geht's. Die grundsätzlichen Existenzfragen sind militärische. Ich glaube, die

Europäer gehen davon aus, dass die Amerikaner weiterhin an der Seite Europas bleiben.«

Können sich die Europäer tatsächlich darauf verlassen, dass die Amerikaner weiter als Schutzmacht agieren? Europa täte gut daran, sich schon jetzt auf eine Regierung Trump zwei vorzubereiten, meint auch Othmar Karas, bis zur EU-Wahl 2024 erster Vizepräsident des Europäischen Parlaments, in einem Interview, das wir im Frühjahr 2024 im Haus der EU in Wien führen: »Für Trump ist Europa nebensächlich. Er wird sich primär am Konflikt mit China orientieren und uns links liegen lassen. Für uns hat das sicherheitspolitisch, und außenpolitisch für die transatlantischen Beziehungen, enorme Auswirkungen. Die EU wird aus Existenzgründen diese Lücke, die Trump hinterlässt, eins zu eins schließen müssen. Vor allem, wenn es um die Ukraine, um Ost- und Mitteleuropa geht. Sie wird die Lücke durch einen europäischen Arm der Verteidigungspolitik schließen müssen. Für Trump ist Europa ein Kostenfaktor und Konkurrenz. Aus.«

Was für die Amerikaner zählt, sind in erster Linie sie selbst. Europa wacht nach Ansicht vieler zu langsam auf, viel zu langsam. Wir haben uns nach dem Zweiten Weltkrieg auf die USA verlassen, haben uns so sicher gefühlt, dass wir dabei einen unterschwelligen Anti-Amerikanismus entwickelt haben, und blicken jetzt bange und gebannt über den Atlantik. Europa hat offenbar bis heute nicht wirklich begriffen, dass die USA nicht mehr Europa als Priorität ihrer Außenpolitik sehen, sondern sich schon längst dem Pazifik zugewandt haben. Und das nicht erst seit Donald Trump. »Angesichts der geopolitischen Herausforderungen könnte möglicherweise auch Biden gezwungen sein, die transatlantische Achse zu vernachlässigen und

Europa aufzufordern, mehr für seine Sicherheit zu tun«, so steht es auch in einer im Jänner 2024 von der Europäischen Kommission veröffentlichten Analyse. Eine Rückkehr Trumps auf die Weltbühne könnte für Europa auch eine Chance sein, sich selbst neu zu definieren, eine selbstsicherere Rolle auf der Weltbühne einzunehmen, als geeinter Kontinent aufzutreten. Wenn Europa versteht, worum es geht.

Stichwort China: Donald Trump und Joe Biden haben nicht viel gemeinsam. Doch wenn es um China geht, sind sie auf der gleichen Wellenlänge. Zumindest was die wirtschaftlichen Beziehungen betrifft. Joe Biden hat das Erbe Donald Trumps angetreten, der in seiner ersten Amtszeit unaufhörlich daran erinnerte, dass China seiner Meinung nach die USA über den Tisch gezogen habe und die amerikanische Wirtschaft mit billigen Produkten kaputt machen wolle. Trump hat China mit Strafzöllen belegt. Biden hat die Strafzölle nicht zurückgenommen, im Gegenteil. Im Mai 2024 hat er noch einmal nachgelegt und Zölle auf wichtige chinesische Exporte wie Halbleiter oder Solarzellen erhöht. Trump spricht inzwischen von Zöllen von 60 Prozent auf alle chinesischen Importe. Die beiden übertreffen einander mit protektionistischen Maßnahmen, um die eigene Wirtschaft zu schützen. »America First« ist die Devise. Galt es unter Barack Obama noch, die Haltung der USA zu definieren und festzulegen, ob China ein Partner oder ein Rivale sei oder vielleicht beides, so war unter Donald Trump klar: China ist ein Rivale. Auch für die Demokraten ist das so. Ein harter Chinakurs ist in den USA unumstritten.

Das gilt für die Wirtschaft, das gilt auch militärisch. China rüstet massiv auf, redet immer wieder von der Wiedervereinigung mit Taiwan, der Insel, die es als abtrünnige Provinz betrachtet. Wie werden sich die USA verhalten, wenn China die gegenwärtig instabile geopolitische Situation ausnützt und Taiwan angreift? »Die Situation ist ziemlich gefährlich«, so schätzt es Peter Rough ein.

Joe Biden hat sich weit aus dem Fenster gelehnt und offen gesagt, dass er bereit wäre, für Taiwan zu kämpfen. Unklar ist, ob auch mögliche andere Kandidaten diese Biden-Linie übernehmen würden. Einen Beistandspakt – wie unter Nato-Ländern – gibt es für Taiwan nicht. Doch Peter Rough ist sich sicher: »Wenn der Präsident etwas sagt, dann gilt das, egal ob seine Berater zurückrudern oder nicht. Wenn es der Präsident will, dann ist es die Politik der Bundesregierung. Der Kongress hätte mitzureden, ganz klar. Aber wenn das die Absicht des Präsidenten ist, dann bedeutet das, dass die USA für Taiwan kämpfen würden. Dann würde man sehr rasch einen Abzug von amerikanischem Rüstungsgerät aus Europa sehen. Angenommen, Putin würde tatsächlich in Litauen einmarschieren, die Chinesen würden in Taiwan einmarschieren, wären die Amerikaner dann wirklich bereit, beide auf einmal zu verteidigen?«

Wie Trump reagieren würde, ist offen. »Wir wissen es einfach nicht«, sagt auch Peter Rough.

Naheliegend ist die Annahme, dass Trump, der Deal Maker, zumindest versuchen würde, einen Deal mit dem chinesischen Präsidenten Xi Jinping auszuverhandeln. Die beiden haben einander mehrmals getroffen, Xi war auch zum Dinner in Mar-a-Lago in Florida eingeladen. »Ich mag Präsident Xi«, hat Trump in einem Interview mit *Fox News* im Frühjahr 2024 wieder gesagt, »er war ein guter Freund in meiner ersten Amtszeit.«

Treffend ist da wohl die Einschätzung eines Beobachters, den die Zeitschrift *The Economist* zitiert:»Bei Verhandlungen mit China hat sich Trump in der Rolle des Brandstifters und des Feuerwehrmannes gefallen. Mit seinen Tweets hat er Brände gelegt, bei diplomatischen Banketten hat er sie gelöscht.« Ein klassischer Trump'scher Zickzackkurs.

Stichwort Nahost: Auch der Nahe Osten ist ein Konfliktherd, in dem die Rolle der USA essenziell ist. Wie sich der Gazakrieg auf die US-Wahl auswirkt, ist zum Zeitpunkt der Drucklegung dieses Buches offen. Die Position der USA war in den letzten Jahren klar: Sie wollten das Engagement im Nahen Osten reduzieren. Das ist angesichts des Gazakrieges aber nicht möglich.

Donald Trump hat in seiner Amtszeit eine stark pro-israelische Politik verfolgt, mit Netanjahu arbeitete er eng zusammen. Er hat Jerusalem als Hauptstadt Israels anerkannt und die US-Botschaft von Tel Aviv nach Jerusalem verlegen lassen. Mit dem Abraham-Abkommen hat Trump einen Paradigmenwechsel vollzogen und eine Annäherung zwischen Israel und den arabischen Nachbarn herbeigeführt. Ausgespart blieb dabei die Palästinenserfrage. Eine Tatsache, die sich jetzt rächt.

Joe Biden hat eine Linie der Mitte versucht, hat sich als Friedensstifter positioniert. Er steht zu Israel, dem wichtigsten Bündnispartner in der Region. Er verurteilt aber auch den brutal geführten israelischen Vergeltungsschlag unter Premier Benjamin Netanjahu.

Biden vergrämt mit seiner Haltung arabischstämmige Amerikaner und Amerikanerinnen, die mehrheitlich demokratisch wählen. Gezeigt hat sich das deutlich bei den demokratischen Vorwahlen im Swing State Michigan, der einen großen Anteil an arabischstämmigen Wählern und Wählerinnen hat. Mehr als 13 Prozent der Demokraten wählten »uncommitted«, eine Option bei den demokratischen Vorwahlen in diesem Bundesstaat, und gaben Joe Biden nicht ihre Stimme. In einem Bundesstaat, in dem die Präsidentschaftswahl vermutlich sehr knapp ausgehen wird, könnten arabischstämmige Wähler und Wählerinnen das Zünglein an der Waage sein.

Ob Donald Trump davon profitieren und den wichtigen Swing State Michigan für sich entscheiden kann, bleibt offen.

EPILOG

Der Gazakrieg führt noch einmal deutlich vor Augen, wie gespalten die Vereinigten Staaten sind. Die Polarisierung schlägt sich an den Universitäten nieder. Propalästinensische Proteste an Unis gibt es im Frühjahr 2024 von der Ostküste bis zur Westküste, in Zeltlagern okkupieren Demonstrierende den ehrwürdigen Harvard Yard genauso wie die Columbia University in New York oder den Campus der UCLA, der University of California in Los Angeles.

Neu ist das nicht: An den amerikanischen Universitäten ist die Stimmung schon lange aufgeheizt. Die Stätten, die der Hort der Meinungsvielfalt und der Meinungsfreiheit sein sollten, sind es nicht mehr. Konservative Vortragende werden ausgeladen, Professoren zensurieren sich selbst, um sich nicht angreifbar zu machen, das bestätigen mir keineswegs rechtsgerichtete Professorinnen in Harvard und an der UCLA. Genderneutrale Sprache geht so weit, dass an manchen medizinischen Fakultäten nicht von schwangeren Frauen, sondern von schwangeren Personen gesprochen wird. Es ist ein Eiertanz für alle Lehrenden, sagt mir eine

Professorin der UCLA. »Wenn du nicht mit uns bist, bist du gegen uns.« Für Republikaner ist das eine willkommene Gelegenheit, die »links-linken Exzesse« der Demokraten anzuprangern.

Was sich an den Universitäten abspielt, ist eine Parabel für dieses gespaltene Land, für das Umfeld, in dem die Präsidentschaftswahlen stattfinden. »People feel they need to declare themselves instead of listening – die Menschen glauben, sie müssen ihren Standpunkt vertreten, statt zuzuhören.« Es ist die Präsidentin der New York University, Linda G. Mills, die diesen Satz anlässlich eines Symposiums am österreichischen Kulturforum in New York sagt. Treffender kann man es nicht ausdrücken.

Zu welchen Auswüchsen es führen kann, wenn Andersdenkende als Feinde gesehen werden, hat der Attentatsversuch auf Donald Trump am 13. Juli 2024 deutlich gezeigt. Er macht auf drastische Weise deutlich, wie tief die politische Kultur in diesem Land gesunken ist. Erschreckend ist eine Umfrage, die das Chicago Project on Security and Threats der University of Chicago im Juni durchgeführt hat. Auf beiden Seiten des politischen Spektrums ist die Akzeptanz für Gewalt groß: Sieben Prozent der Befragten meinen, der Einsatz von Gewalt sei gerechtfertigt, um Donald Trump die Rückkehr ins Präsidentenamt zu sichern. Noch erschreckender: Zehn Prozent geben an, der Einsatz von Gewalt sei gerechtfertigt, um Donald Trump als Präsident zu verhindern. Zu hoffen bleibt da nur, dass das, was mit Gewalt gemeint ist, nicht bis zum Mord an Kandidaten geht.

Das Attentat ist ein tiefer Einschnitt im Wahlkampf 2024. Das Foto Donald Trumps mit blutverschmiertem Gesicht, umringt von Secret-Service-Agenten, die geballte Faust in die Luft gereckt, über allem die amerikanische Flagge, wurde innerhalb von Stunden zum ikonischen Bild. Es war ein Moment des Schreckens, gleichzeitig ein Moment des Innehaltens: Aufrufe zur Einheit von allen politischen Seiten folgten. Dass dieser Moment das politische Klima nachhaltig positiv beeinflussen wird, darf freilich bezweifelt werden.

In den letzten Jahren sind rationale Argumente durch emotional aufgeladene Kulturkampf-Kontroversen ersetzt worden. Das gilt für die Gesellschaft, das gilt auch für die politischen Parteien: Adam Kinzinger, der zu den Anti-Trumpern zählende Republikaner, fasst es so zusammen: »Wie ich die Tage vermisse, als zwei rational denkende Parteien über programmatische Unterschiede debattiert haben. Kluge Debatten, in denen die eine Seite mit Argumenten für eine Regierung als essenziellem Teil des Lebens eintrat, die andere für eine schwache Rolle des Staates. Zwei unterschiedliche Zugänge, die von beiden Seiten leidenschaftlich debattiert wurden. Emotionale Entrüstung war für ausländische Gegner reserviert.«

Wir wissen nicht, wie alles endet, und ob Donald Trump noch einmal zum Präsidenten gewählt wird: Seine erste Wahl hat eine Schockwelle ausgelöst, der Sturm auf das Kapitol eine weitere. Geht die Ära Donald Trump ruhmlos mit einem (nicht rechtskräftig) verurteilten Straftäter zu Ende? Oder ist Donald Trump das Comeback-Kid – der starke Mann, der trotz zweier Impeachment-Verfahren noch einmal den Einzug ins Präsidentenamt schafft?

Amerika hat die Wahl zwischen ihm und einer um fast zwei Jahrzehnte jüngeren Frau. Das Duell der weißen alten

Männer, das die Bevölkerung nicht wollte, aber nach dem es so lange ausgesehen hatte, findet nicht statt. Erst nachdem der Druck Ende Juli zu groß geworden war, ließ sich Joe Biden umstimmen, seine Kandidatur zurückzuziehen. Es war die TV-Debatte der Kandidaten am 27. Juni, die alles veränderte. Biden war unkonzentriert, versprach sich ständig, verschluckte Sätze, war zeitweise unverständlich, wirkte abwesend und verlor den Faden. Die 50 Millionen Zuschauer und Zuschauerinnen bekamen einen alten, gebrechlichen Mann mit Gedächtnisschwierigkeiten zu sehen, das Gegenteil eines dynamischen Kandidaten. Trump konnte gelassen danebenstehen und zusehen, wie sich Joe Biden selbst demontierte. Dieser Mann soll geistig fit genug sein, um noch einmal Präsident zu werden, fragte sich anschließend nicht nur Amerika, sondern die ganze Welt.

In der Demokratischen Partei brach Panik aus: Es wurde nach Ausreden für die schlechte Performance gesucht, schlüssig war weder die einer Verkühlung noch die des Jetlags – und immer mehr demokratische Kongressmitglieder verlangten ganz offen den Rückzug Joe Bidens. Er solle die Wahlkampfarena für andere freimachen, drängte auch die *New York Times* in einem Leitartikel. Sogar George Clooney, einer der Großspender der Biden-Kampagne, forderte in einem Beitrag Joe Biden auf, sich im Interesse des Landes zurückzuziehen. Die desaströse Debatte sei kein Einzelfall gewesen, auch zuvor, bei einer Veranstaltung für prominente Spender, habe Biden zeitweise verwirrt gewirkt. George Clooney: »Es trifft mich schwer, das zu sagen, aber der Joe Biden, mit dem ich vor drei Wochen auf der Benefizveranstaltung zusammen war, war nicht der Joe Biden des Jahres 2010, der wirklich fantastisch war. Er war nicht einmal der Joe Biden von 2020. Er war derselbe Mann, den wir alle bei der TV-Debatte gesehen haben.«

Mit einer großen Portion Starrsinn beharrte Joe Biden darauf, dass er der Einzige sei, der Donald Trump schlagen könne. Immer wieder sprach er von der Weisheit des Alters, die ihn als Kandidaten auszeichne. Unterstützt wurde Joe Biden von seinem unmittelbaren Umfeld, das jede Kritik abblockte – allen voran von seiner Frau Jill Biden. Sie werde nicht zulassen, dass 90 Minuten seine ganze Amtszeit definieren, erklärte sie in einem Interview.

Die Medien fühlten sich unterdessen hintergangen: Monatelang habe Bidens Team seinen wahren Gesundheitszustand verheimlicht, habe ihn von heiklen öffentlichen Terminen und Interviews ferngehalten. Tatsächlich konnte man als aufmerksamer Beobachter zusehen, wie er in der ersten Jahreshälfte bei seinen Auftritten von Mal zu Mal schwächer und vergesslicher wirkte und oft von seiner Frau energisch bei der Hand genommen wurde, wenn er verwirrt schien. Lügen in der Öffentlichkeit war man von Trump gewohnt, jetzt war man damit konfrontiert, dass auch Bidens Umfeld über seinen Gesundheitszustand gelogen hatte.

Als dann noch eine Covid-Erkrankung dazukam, gab Joe Biden schließlich dem Druck nach und ließ am 21. Juli 2024 die Welt wissen: Er ziehe seine Kandidatur zurück. Kamala Harris wird Trump am 5. November als Präsidentschaftskandidatin gegenüberstehen. Populär war Harris als Vizepräsidentin nicht, doch jetzt sind alle Augen auf sie gerichtet, Medienpräsenz ist ihr bis zum Wahltag gesichert. Sie steht einem Kandidaten gegenüber, der es blendend versteht sich selbst in Szene zu setzen, der aber auch aufregt wie kein anderer.

Manche von Trumps Auftritten und Beleidigungen sind schwer zu verdauen. Doch nicht alles, was Donald Trump in seiner Amtszeit umgesetzt hat, war schlecht. Er hat sich dem Slogan »America First« verschrieben – Jobs zurück nach Amerika zu holen, hat er vehement gefordert. Die Demokraten verfolgen dasselbe Ziel. Auch die klare Abgrenzung zu China als Rivalen hat Trump gesetzt. Von der Vorstellung, China sei ein kooperativer Player auf der Weltbühne, hat sich die westliche Welt längst verabschiedet. Das chinesische Wertesystem ist ein grundsätzlich anderes als das westliche. Trumps außenpolitischer Rückzug, die Konzentration auf Amerika, entspricht der Stimmung im Land.

Und dann ist da die Tatsache, dass es der Wirtschaft unter Trump gut gegangen ist. Der Satz »it's the economy, stupid« gilt immer noch. Auch nach vier Jahren Joe Biden ist die Arbeitslosigkeit niedrig, die Einkommen steigen, die Inflation sinkt – doch subjektiv war unter Donald Trump alles besser. Vor der Pandemie herrschte ein Gefühl des »Feeling good«, die Stimmungslage hat sich seither nie erholt. Auch Großunternehmer erwärmen sich zunehmend für Donald Trump. Jamie Dimon, CEO der größten Bank der USA, JPMorgan Chase, in der Vergangenheit ein Geldgeber der Demokraten, ist nur einer von vielen Wirtschaftskapitänen, die sich mit der Idee einer zweiten Amtszeit Trumps anfreunden können: »Seien wir ehrlich«, sagte er in einem viel beachteten Interview beim Wirtschaftsforum in Davos im Jänner 2024, »Trump lag richtig, was die Nato betrifft, was Einwanderung betrifft. Die Wirtschaft ist unter ihm gewachsen, mit seiner Handelspolitik und Steuerreform lag er richtig, auch mit seiner Chinapolitik.« Immer mehr Mega-Spender – auch Elon Musk – stellen sich hinter Trump.

Die Errungenschaften der Biden-Harris-Administration sind unumstritten. Biden hat ein dringend benötigtes Infrastrukturpaket durchgebracht. Er stellte die Wirtschaft auf erneuerbare Energie um, sein Umweltprogramm hat enormes Potenzial. Der Wirtschaft geht es – auch wenn die Durchschnittsamerikaner das nicht spüren – gut. In Nahost versuchen die Amerikaner zu vermitteln. Europa weiß, dass die Demokraten die Ukraine und damit Europa ohne Wenn und Aber gegen Putins Russland unterstützen. Um die Demokratie in Amerika muss man sich keine Sorgen machen.

Müssen wir vor Donald Trump Angst haben? Wir werden es Ende des Jahres wissen, wenn ein klarer Sieger feststeht – oder wenn ein knapper Wahlausgang tatsächlich das Szenario schafft, vor dem viele am meisten Angst haben: mit einem Wahlverlierer, der das Wahlergebnis nicht akzeptieren will und seine Basis, den Mob unter seinen Anhängern, auffordert, dagegen anzukämpfen.

Die Checks and Balances haben beim letzten Mal gehalten. Halten sie auch diesmal? Wir Europäer tragen die Last der Vergangenheit auf unseren Schultern: Wir haben Nationalismus und Faschismus in unterschiedlichsten Varianten kennengelernt. Unsere Angst hat auch damit zu tun, dass wir unser eigenes, historisch geprägtes Weltbild auf Amerika übertragen. Die Amerikaner haben sich immer als der Inbegriff eines freiheitsliebenden Volkes gesehen, haben sich von autoritären Herrschaftsformen mit der Gründung ihrer

Nation losgesagt und blicken seit jeher optimistisch in die Zukunft.

Die Polarisierung, die dieses Land zurzeit beherrscht, wird mit der kommenden Wahl 2024 nicht verschwinden. Doch die USA haben immer wieder verstanden, sich neu zu erfinden.

Über die Autorin

Hannelore Veit, geboren 1957 in Wien, ist Journalistin und Moderatorin. Sie studierte u. a. Amerikanistik in den USA. Als Leiterin des Washingtoner ORF-Büros erlebte sie 2016 den Wahlsieg Trumps – und die Fassungslosigkeit darüber. Für dieses Buch unternahm sie während der Vorwahlmonate Reisen in die USA und ermöglicht uns einen geschärften Blick in die nahe Zukunft.